U0941943

不确定环境下的机器调度问题研究

BUQUEDING HUANJING XIA DE JIQI DIAODU WENTI YANJIU

聂玲 著

中国·成都

图书在版编目(CIP)数据

不确定环境下的机器调度问题研究/聂玲著.—成都:西南财经大学出版社,2017.12
ISBN 978-7-5504-3140-9

Ⅰ.①不… Ⅱ.①聂… Ⅲ.①生产调度—研究 Ⅳ.①F273

中国版本图书馆 CIP 数据核字(2017)第 176101 号

不确定环境下的机器调度问题研究

聂玲 著

责任编辑:何春梅
助理编辑:王青杰
封面设计:何东琳设计工作室
责任印制:朱曼丽

出版发行	西南财经大学出版社(四川省成都市光华村街 55 号)
网 址	http://www.bookcj.com
电子邮件	bookcj@foxmail.com
邮政编码	610074
电 话	028-87353785 87352368
照 排	四川胜翔数码印务设计有限公司
印 刷	四川五洲彩印有限责任公司
成品尺寸	165mm×230mm
印 张	12.25
字 数	185 千字
版 次	2017 年 12 月第 1 版
印 次	2017 年 12 月第 1 次印刷
书 号	ISBN 978-7-5504-3140-9
定 价	68.00 元

前 言

制造企业将原料、劳动力、机器以及能量转化为产品。转化的效率决定企业能否在当今竞争日益激烈的市场环境下存活。机器调度，作为将生产计划转化为生产活动的最后一步，是生产成本与服务水平的主要决定因素。混乱的调度会造成资源的浪费，增加生产成本，降低企业的市场竞争力，还可能延误订单，使得顾客满意度下降，影响企业的未来发展。因此合理有效地安排机器调度对生产效率和生产控制极其重要。

在制造企业系统内的实际生产过程中，随着使用时间的持续增加，机器将会产生磨损、腐蚀等，如果不及时维护、更换，就会使机器快速衰退，以至于停机无法生产，导致企业需要付出额外的高昂停机成本，从而导致制造总成本增加，甚至可能因为停机而需要重新调整生产作业计划与派工，这样会进一步造成出货时间和交货时间延迟，使顾客的满意度降低，影响企业未来的发展。据资料统计，现代制造企业系统内，因故障维修和停机产生的损失费用已经占全部生产成本的30%~40%。有些行业的维修费用已经跃居全部生产成本的第二位，甚至更高。一般制造企业的维护成本是由会计步骤确定的，它的额度通常占据总运营成本的大部分。在欧美发达国家，传统的维护成本在过去几十年内迅猛增加。20世纪80年代，美国的制造企业花费在维护他们关键装置系统上的成本就已经超过了 6 000 亿美元。而到了 20 世纪 90 年代，这一类的维护成本已经超过了 8 000 亿美元；在 21 世纪伊始，维护成本更是急剧上升至 1.2 万亿美元。相关数据表明，如果维护管理方法有效，这些维护成本的 1/3 到 1/2 是可以避免被浪费掉的。因此，采取有效的手段来保证机器正常运行是十分必要的。目前，制造企业系统内主要采取的措施是对机器实施维护管理，包括维修以及定期维护，以确保机器能够正常运行，从而降低或避免机器停机带来的损失，保证生产效率。

随着科技的发展和社会的进步，制造业的发展已经跨入了后大量生产时期。不同客户对产品的需求呈现出个性化和多样化的趋势，客户对产品的不同需求致使产品的更新速度加快，结构趋于复杂。因此，在组织新产品的生产调度时，因无法精确把握加工时间，只能通过类似的加工经验以及实际的加工状况，将产品的加工估计为在一定区间变化的模糊变量。例如，某电饭锅厂商常根据客户对锅的实际操作、饭菜味道等调整产品设计，因此，零件的成型周期（加工时间）变为一个模糊变量。目前，对于加工时间不确定的机器调度问题的研究，学者们一般都将加工时间视为随机变量。然而，如果将上述人类主观因素考虑进去，加工时间被理解为模糊的变量则更接近于生产实际。同时，在模糊模型中可以非常方便地计算出模糊变量迭加的联合隶属函数。而对于随机变量迭加的联合随机函数，只有当随机变量服从均匀分布时才容易计算得到，如果随机变量是其他分布时，则几乎无法计算。

因此，在广泛吸收和借鉴已有研究的基础上，本书以不确定理论为研究工具，对模糊环境下考虑维护时间的机器调度问题进行研究。全书主体共分为六个部分，具体如下：

第一部分为导论，介绍了研究背景、考虑维护时间的机器调度问题与模糊环境下的机器调度问题的研究现状，然后通过文献综述对国内外的相关研究进行了总体评述，在此基础上提出了研究框架。

第二部分为理论基础，概述了研究所涉及的调度理论、模糊型不确定理论、可靠性理论以及智能算法基础知识。

第三部分针对模糊加工时间弹性维护的单机调度问题，采用威布尔分布函数描述机器在运行过程中发生故障的时间的随机性，推导了机器故障概率与故障发生时间之间的关系方程，引入带乐观–悲观指标的期望算子对模糊参数进行清晰化处理。根据模型的特点，本书设计了基于二进制编码与序列编码相结合的具有加权适应度的多目标遗传算法，并以某车桥厂为案例进行了计算分析。结果证明了模型和算法的优化的有效性。通过单独考虑维护计划与生产计划的比较，我们发现联合考虑维护计划与生产计划对提高制造企业的整体效率是可行和有效的。

第四部分针对模糊加工时间弹性维护的异序作业调度问题，运用模糊集的理论建立了相应的调度模型。针对该复杂模型，给出了基于化学反应算法和模拟退火搜索算法的混合智能算法的框架。由于此模型中存在模糊因素，因此对化学反应算法的四种基元反应做了相应的改进，同时增加了一种有效的交叉操作算子。单纯地依靠某一种算法，容易陷入局部最优。本部分在化学反应算法的局部搜索过程中加入模拟退火搜索算法，进一步提高了算法性能。通过分析某车桥厂车桥加工过程的案例的比较结果证明了化学反应–模拟退火搜索算法的寻优能力。大规模加工时间模糊维护时间可调的异序作业车间调度问题的试验结果验证了算法求解大规模问题的能力。

第五部分针对模糊随机时间窗的单机调度问题，采用模糊随机变量来描述维护时间窗的模糊性与随机性，并综合考虑决策者对生产计划的加权完工时间和以及维护计划的时效性的双重目标。此问题是一个 NP 难的问题，无法用精确算法得出最优解。根据模型的特点，本书提出将 FFD 规则与加权最短加工时间优先（WSPT）规则相结合的改进全局-局部-临近点粒子群算法（GLNPSO-ff）。通过单纯考虑模糊性与随机性的实例分析比较，我们发现综合考虑模糊随机更接近实际。通过传统遗传算法以及经典粒子群算法的比较，结果证明了 GLNPSO-ff 算法的有效性和科学性。

第六部分为结论与展望，首先针对本研究的主要结论进行了提炼，并对研究过程、研究工作、研究内容、研究结论等存在的不足进行思考和总结，其次对该课题的未来研究进行了展望。

本书的主要创新之处是：

（1）本书联合考虑了机器调度问题中的模糊因素与维护因素。通过文献分析发现，偏向于模糊环境下的调度问题以及考虑维护时间的调度问题的研究居多。绝大部分单纯考虑模糊因素或者维护因素的机器调度问题难以在多项式时间内求得最优解，而综合这两个因素到同一个调度问题的求解难度更大，因此与此问题相关的文献也特别少。本书给出了三个综合考虑模糊性与机器维护的调度模型，并给出了相应的智能算法，为制造企业等决策者提供了解决办法。

（2）本书综合研究了弹性维护计划与生产计划的联合优化模型。通过模糊加工时间弹性维护活动的单机调度问题，模糊加工时间弹性维护活动的异序作业调度问题以及模糊随机维护时间窗的单机调度问题研究，结果表明联合考虑生产计划与维护计划的调度优化更加符合制造企业的生产情况。

（3）本书综合考虑了弹性维护时间窗的模糊性与随机性。随着机器的精益化，对机器的维护与修理的维修工人的要求越来越高，因此普通生产线上的工人往往无法完成机器的维护工作。这就要求机器的提供方派出专业的维修工人按照制订好的维护计划对机器实施维护。因此，在维护时间窗的设置上同时存在随机性与不确定性。本书通过研究单机情形下的模糊随机维护时间窗问题，给出了相应的优化算法以及优化结果，表明考虑模糊随机的现象是十分必要的。

聂玲

2017 年 12 月

目　录

1 导论

在当今快速变化的全球市场，为了减少工件的加工时间和保持高效准时的交货性能，所有的公司都面临越来越大的压力。因此，有效的机器调度是实现这些目标的关键。机器调度问题是一类典型的组合优化问题，不仅在制造企业有着广泛的实际意义，在公共事业管理、信息处理等方面也有着大量的应用。再加上由于机器调度问题与计算机科学理论以及离散组合数学的联系密切，因此不仅是运筹学，管理学、计算机科学以及工程学界也对机器调度问题给予了极大的关注。近几十年来，研究人员已经在机器调度技术方面取得了实质性的进步。然而，由于大多数机器调度问题是 NP 困难的，即完成解决方案的时间随着规模的增加呈指数增长，在有效时间内寻找到最佳的解决方案仍然是一个艰巨的任务。而且随着对经典的机器调度问题的深入研究，大量更具有实际应用背景的新型机器调度问题不断涌现。由于随着机器的使用时间持续增加，机器会产生磨损、腐蚀，进而导致机器快速衰退甚至停机。因此，对于制造企业的决策者而言，合理给机器安排维护计划是十分必要的。另外现实生产中普遍存在着不确定因素，这使得机器调度问题求解的难度大幅度增加，同时也使得传统机器调度理论与实际脱节。因此，如何在综合考虑不确定性的情况下合理安排生产计划与维护计划的机器调度问题，有着重要的现实意义。导论部分将介绍本书的研究背景，回顾机器调度问题、维护计划及模糊环境的研究进展，进而给出本书的研究思路和研究框架。

1.1 研究背景

调度问题起源于第二次世界大战，隶属于组合优化问题，有着广泛的实际应用背景，例如工程技术、管理科学、计算机科学等。早期的调度问题主要来自机器制造行业，但是在现如今的实际生活中，也有着许许多多的抽象化的调度问题。例如，病人看病问题中，病人便是“工件”，医生就是“机器”①。此时调度理论中的“机器”和“工件”就从“车床”“螺丝”等具体事物中抽象出来的，是一种抽象的概念。同样调度理论中的“机器”可以是机场跑道、医生、计算机 CPU、数控机床等；相应地，“工件”就是降落的飞机、病人、计算机终端、零件等。

在调度理论的发展历程中，生产调度问题分为现代机器调度问题（modern machine scheduling problem）和经典机器调度问题（classical machine scheduling problem）。

1993 年，Lawler 和 Lenstra 等通过对比分析，总结出了经典机器调度问题的 4 个基本假设②。具体内容如下：

（1）资源的类型。机器是加工工件所需要的一种资源。在经典机器调度问题中，必须假设一台机器在任何时刻最多只能加工一个工件；同时还须假设，一个工件在任何时刻至多在一台机器上被加工。

（2）确定性。在经典机器调度问题中，必须假设决定调度问题的一个实例的所有（输入）参数都是事先知道的和完全确定的。

---

① 唐国春. 排序论基本概念综述［J］. 重庆师范大学学报（自然科学版），2012，29（4）：1-11.

② Lawler E L，Lenstra J K，Kan A H R，et al. Sequencing and scheduling：Algorithms and complexity［J］. Handbooks in Operations Research and Management Science，1993，4：445-522.

（3）可运算性。经典机器调度问题是在可以运算的基础上研究调度问题，对于工件的交货期如何确定以及机器与配备机器如何购置等在技术上可能发生的问题没有加以考虑。

（4）单目标和正则性。在经典机器调度问题中，假设调度问题的目标函数是关于工件完工时间的非降函数（即正则性），并且目的是单个目标函数的最小化（即单目标性）。

针对经典机器调度问题假设的局限性，Brucker 和 Werner 提出了现代机器调度这一新的定义，也称之为新型机器调度（new classes of scheduling problems）①。在确定性这一假设上突破的有可控调度、随机调度以及模糊调度等。作为经典机器调度单目标和正则性基本假设的突破，有准时调度、多目标调度和窗时调度等。本书讨论的是模糊环境下考虑维护时间的机器调度问题，考虑了实际应用中相关不确定情况和因素，突破了经典机器调度问题中确定性与单目标性的假设。

1. 模糊调度问题

随着科技的发展和社会的进步，制造业的发展已经跨入了后大量生产（post mass production）时期。不同客户对产品的需求呈现出个性化和多样化的趋势，客户对产品的不同需求致使产品的更新速度加快，结构也趋于复杂。因此，在新产品的生产调度时，无法精确把握加工时间，只能通过类似的加工经验以及实际的加工状况，将产品的加工估计为在一定区间变化的模糊变量。例如，某电饭锅厂商常根据客户对锅的实际操作、饭菜味道等调整产品设计，因此，零件的成型周期（加工时间）变成了一个模糊变量。目前，对于加工时间不确定的机器调度问题的研究，学者们一般都将加工时间视为随机变量。然而，如果将上述主观因素考虑进去，加工时间被理解为模糊的变量则更接近于生产实际。同时，在模糊模型中可以非常方便地计算出模糊变量迭加的联合隶属函

① Brucker P，Werner F. Complexity of shop-scheduling problems with fixed number of jobs：a surey［J］. Mathematical Methods of Operations Research 2007，65（3）：461-481.

数。而对于随机变量迭加的联合随机函数，只有当随机变量服从均匀分布时才容易计算得到，如果随机变量是其他分布时，则几乎无法计算。

20 世纪 70 年代，Prade 最早将模糊集理论应用到调度问题中[①]。随后学者们将模糊数学规划引入调度领域，由此便产生了调度领域的一个新的分支——模糊调度。随着模糊数学的发展以及模糊数学规划思想在调度领域的成功应用，有关模糊交货期、模糊加工时间的模糊调度问题已成为研究的热点。迄今为止，研究者们就模糊环境下的调度问题开展了许多研究[②]。从现有的文献来看，有关流水车间的模糊调度问题研究得较多，但也主要集中于模糊交货期方面，而关于模糊加工时间的研究却较少。吴悦、汪定伟研究了加工时间为模糊区间数的单机提前/拖期调度问题[③]；王成尧等研究了多个工件迭加的联合隶属函数所对应的性质，并根据这些性质研究了一种单机模糊加工时间的调度模型[④]；唐国春就模糊加工时间排序问题的性质进行了研究[⑤]；王成尧、汪定伟研究了单机模糊加工时间下最迟开工时间调度问题，并针对特殊情况给出了问题的最优解，对一般情况给出了一个最优解的必要条件[⑥]；F. Lin 研究了模糊加工时间下的单件作业车间调度问题，他的主要工作是对确定型单件作业车间调度问题的模糊化进行研究[⑦]；Wang 等研究了模糊加

---

① Prade H. Using fuzzy set theory in a scheduling problem: a case study [J]. Fuzzy Sets and Systems, 1979, 2 (2): 153-165.

② Lam S, Cai X. Single machine scheduling with nonlinear lateness cost func tions and fuzzy due dates [J]. Nonlinear Analysis: Real World Applications, 2002, 3 (3): 307-316.

③ 吴悦，汪定伟. 用模拟退火法解任务的加工时间为模糊区间数的单机提前/拖期调度问题 [J]. 信息与控制, 1998, 27 (5): 394-400.

④ 王成尧，高麟，汪定伟. 模糊加工时间调度问题的研究 [J]. 系统工程学报, 1999, 14 (3): 238-242.

⑤ 唐国春. 排序，经典排序和新型排序 [J]. 数学理论与应用, 1999, 19 (3): 16-21.

⑥ 王成尧，汪定伟. 单机模糊加工时间下最迟开工时间调度问题 [J]. 控制与决策, 2000, 15 (1): 71-74.

⑦ Lin F. A job-shop scheduling problem with fuzzy processing times [J]. Computational Science, 2001, 409-418.

工时间下准备时间的单机调度问题[1]；Peng 和 Liu 研究了模糊加工时间下的并行机调度问题[2]。就目前来看，有关模糊加工时间的调度问题大部分还只是停留在描述性研究阶段。在不确定环境中，除了工件的加工时间不确定外，工件的工期、加工能力、机器环境等也可以用模糊变量来描述[3]，如图 1-1 所示。时间参数有模糊加工时间和模糊工期，决策变量有模糊开始时间和模糊完工时间，对目标函数的评价有模糊时间表长的积分值、不确定性、期望值以及满意度。本书考虑的便是模糊加工时间的机器调度问题。在实际生产中，一个工件在机器上的加工时间往往具有一定的模糊性。比如，工件的加工时件可能不是刚好 25 分钟，而是“25 分钟左右”，并且决策者知道，工件的加工时间不大于 23 分钟或者不小于 27 分钟的情况是不存在的。此时，决策者便可以用三角模糊数（23，25，27）来近似表示这个工件“25 分钟左右”的加工时间[4]。

2. 考虑维护时间的机器调度问题

在制造企业系统内的实际生产过程中，随着使用时间的持续增加，机器将会产生磨损、腐蚀等。如果不及时维护、更换，机器便很容易快速衰退，以至于停机无法生产，导致企业需要付出额外的高昂停机成本，从而使制造总成本增加，甚至可能因为停机而需要重新调整生产作业计划与派工，这样进一步造成出货时间、交货时间延迟，使得顾客的

---

① Wang C, Wang D, Ip w, et al. The single machine ready time scheduling problem with fuzzy processing times [J]. Fuzzy sets and systems, 2002, 127 (2): 117-129.

② Peng J, Liu B. Parallel machine scheduling models with fuzzy processing times [J]. Information Sciences, 2004, 166 (1): 49-66.

③ Mok P, Kwong C, Wong W K. Optimisation of fault-tolerant fabric-cutting schedules using genetic algorithms and fuzzy set theory [J]. European Journal of Operational Research, 2007, 177 (3): 1876-1893.

④ 唐国春. 排序，经典排序和新型排序 [J]. 数学理论与应用，1999，19 (3): 16-21.

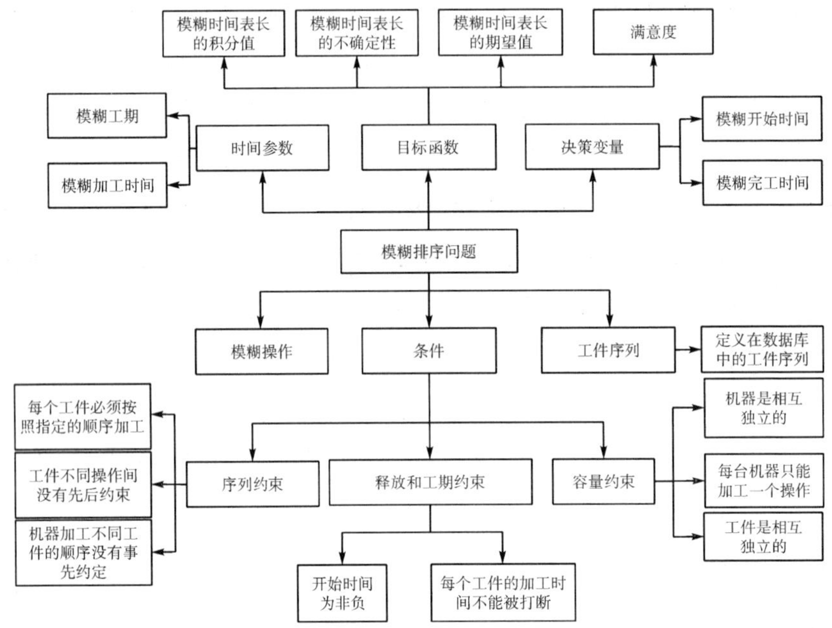

图 1-1 模糊环境下的机器调度问题分类

满意度降低，影响企业未来的发展①。据资料统计，现代制造企业系统内，因故障维修和停机产生的损失费用已经占全部生产成本的 30%~40%。甚至有些行业的维修费用已经跃居全部生产成本的第二位，甚至更高②。一般制造企业的维护成本是由会计步骤确定的，它的额度通常占据总运营成本的大部分。在欧美发达国家，传统的维护成本在过去几十年内迅猛增加。20 世纪 80 年代，美国的制造企业花费在维护他们关键装置系统上的成本就已经超过了 6 000 亿美元。而到了 20 世纪 90 年代，这一类的维护成本已经超过了 8 000 亿美元；在 21 世纪伊始，维护成本更是急剧上升至 1.2 万亿美元。相关数据表明，如果维护管理方

---

① Pan E, Liao W, Zhuo M. Periodic preventive maintenance policy with infinite time and limit of reliability based on health index [J]. Journal of Shanghai Jiaotong University (Science), 2010, 15: 231-235.

② 希胜. 以可靠性为中心的维修决策模型 [M]. 北京：国防工业出版社，2007.

法有效，这些维护成本的 1/3 到 1/2 是可以避免被浪费掉的，这在一定程度上可大大提高企业的市场竞争力。因此，采取有效的手段来保证机器正常运行是十分必要的。目前，制造企业系统内主要采取的措施是对机器实施维护管理，包括维修以及定期维护，以确保机器能够正常运行，从而降低或避免机器的停机损失，保证生产效率①②。

为了降低机器的停机风险和维护成本，从而保证生产效率，对机器运行过程进行研究是必须的。通过对机器的运行机制以及生产计划的研究，制定有效而又合理的维护策略，从而可以最大限度地保证机器能够正常运行，减少维护成本，增加企业利润。机器维护策略，指的是在一定时间域内对机器进行维护的一组行为集合，主要是针对预期设定的目标，通过考量一定的安全、经济、技术等因素来规定对机器或工件进行的维护方式和程度。1960 年，Barlow 和 Hunter 首先提出一类机器周期置换策略③，根据不同的故障分布积分求解出不同的解决方案。随后，不少学者将关注点集中到对机器的维护策略的研究，从而为保证企业的生产效率、降低制造成本、增加系统整体利用率提供了强有力的学术支持。因此，合理且有效的机器维护策略的制定不仅可以满足制造企业的生产效率和成本的要求，同时也已成为制造科学中的重要课题之一。由于机器环境的不同，不同类型的带有维护时间的机器调度问题之间的关系如图 1-2 所示。

机器维护工作分为事后维护（corrective maintenance）和预防维护（preventive maintenance）两大类。事后维护针对的是出现故障后的恢复性维护工作。预防维护则是为了保持机器良好运行状态的预防性维护

---

① 廖雯竹，潘尔顺，奚立峰. 基于设备可靠性的动态预防维护策略［J］. 上海交通大学学报，2009，43（8）：1332-1336.

② Ji M，He Y，Cheng T E. Single-machine scheduling with periodic maintenance to minimize makespan［J］. Computers & Operations Research，2007，34（6）：1764-1770.

③ Barlow R，Hunter L. Optimum preventive maintenance policies［J］. Operations research，1960，8（1）：90-100.

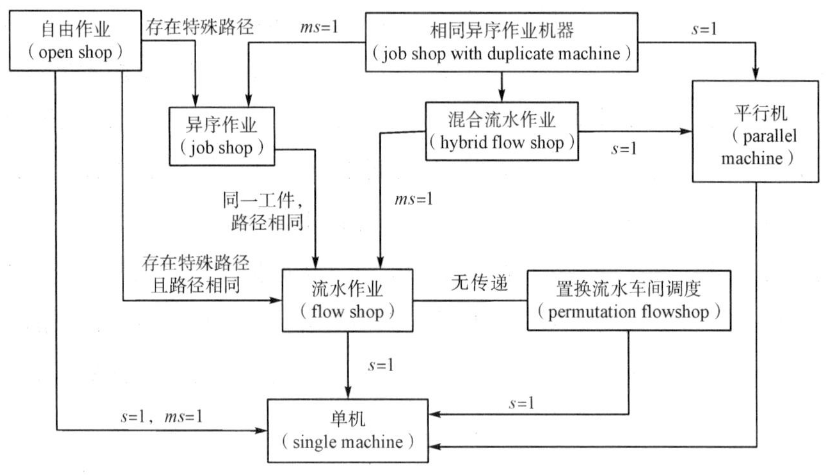

图 1-2 考虑维护时间的机器调度问题关系图

工作。

（1）事后维护

这一类维护主要是指在机器发生故障后对机器进行的全部维护活动。事后维护其实是一种被动的行为，它只是机器发生故障或者停机时才进行维护，因此没有计划性。

（2）预防维护

维护的主要目的是预防故障发生，通过对机器进行检查与检测，提前发现机器故障的征兆。预防维护又包括定期维护（fixed-time maintenance）和视情维护（condition-based maintenance）两种不同的方式。

①定期维护。通过总结机器的实际使用经验或者统计相关使用数据，决策者设计出与机器相匹配的维护计划，按照设定的时间对机器进行清洁、润滑、检修、零部件更换等，从而防止机器大面积发生故障。目前，制造企业普遍采用的维护策略便是定期维护，也称计划维护。

②视情维护。依据机器的运行状态，决策者对机器的主要部位或者需要维护的部位进行定期的或者连续性的状态检测和故障诊断，从而判断机器当前的状态并对未来的发展趋势进行预测，最后制订出适合机器

本身的维护计划。当一个或者多个监测指标（可靠性）下降到某个标准值时，应对机器采取有计划的维护，从而消除潜在的故障。现代企业多采取此种维护策略。总体来说，预防维护有计划性，决策者需要事先确定维护的时间、内容、方法、需要的技术以及物资等。

理论上，预防维护计划及其优化方法视不同的生产制造行业的分类而有所不同。决策者可以通过 Bayesian 方法、神经网络方法、线性规划方法、遗传算法、Petri 网半马尔可夫链方法、仿真方法以及组合法等来制订合适的维护计划。由于机器调度问题的最优准则繁多，决策者既可以根据生产计划的目的来制订，也可以依据维护计划的目的制订。一般而言，维护的目的主要基于维护的总成本和机器的可靠度。如果只考虑一个目标的情况下，决策者可以追求维护总成本率最小化或者机器的可靠度最大化；如果同时考虑两个目标，决策者一般考虑满足机器可靠性的某种限度下追求维护总成本率最小化或者满足机器维护成本率的某种限度下追求机器的可靠度最大化。

机器调度问题和预防维护问题在实际生产过程中至关重要，一直是人们关注的焦点，但二者之间的相互影响作用却少有关注。一直以来，二者在学术界都是作为两个相互独立的研究领域。在实际的生产过程中，机器生产计划和维护计划的制订也是独立进行的，因此经常会出现这样一种现象：机器并未出现故障却停机等待维护，同时有工件在等待加工，这样既影响生产效率，也降低了企业效益。因此同时考虑机器调度和预防维护问题具有十分重要的现实意义。

除了按传统的调度问题分类以外，考虑维护时间的调度问题还可以根据维护开始时间的不同，分为维护时段固定的机器调度问题（deterministic/fixed maintenance）和维护时段可调的机器调度问题（flexible/unfixed maintenance）两大类。

（1）维护时间段固定的机器调度问题

维护作为调度问题的一个约束条件，在进行调度之前就完全确定了时段。此类问题也最为常见。机器一般由维护部门和调度部门同时支配。首先，维护部门根据机器的维护手册、统计的资料、总结的经验或者状态的检测值等独立地制订出维护计划；其次，将计划中的维护机器名称以及维护时间段告知调度部门。调度部门综合考虑维护时间段以及维护机器制订相关的生产计划。在这种情况下，机器在维护过程中是不可用的。这类问题在调度领域中称之为机器可用性受限的机器调度问题（scheduling with limited machine availability）、带可用约束的机器调度问题（scheduling with availability constraints）或者有固定时间段不可用的机器调度问题（scheduling with fixed non-availability intervals）。

对于机器 M_i 上的某个维护必须安排在事先设定的时间区间（B_i，F_i）上进行，维护时间区间内，机器 M_i 不能加工任何工件。图 1-3 中机器 M_i 只有一个维护时段，而图 1-4 中机器 M_i 有多个维护时段，其中 int_i 是维护间隔，u_i 是维护时长，u_i 和 int_i 都是事先给定的数。

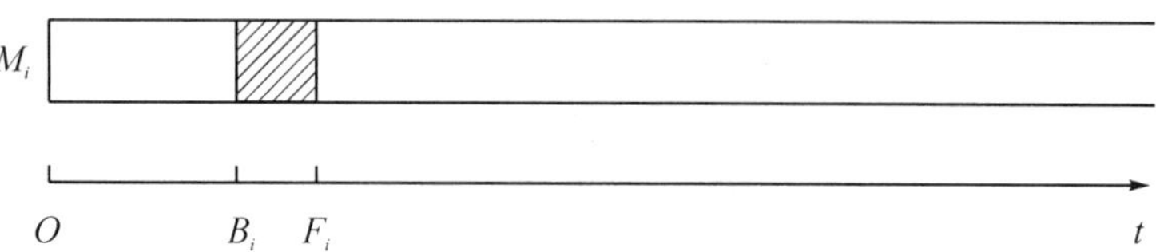

图 1-3　一个维护时段（维护时段固定）

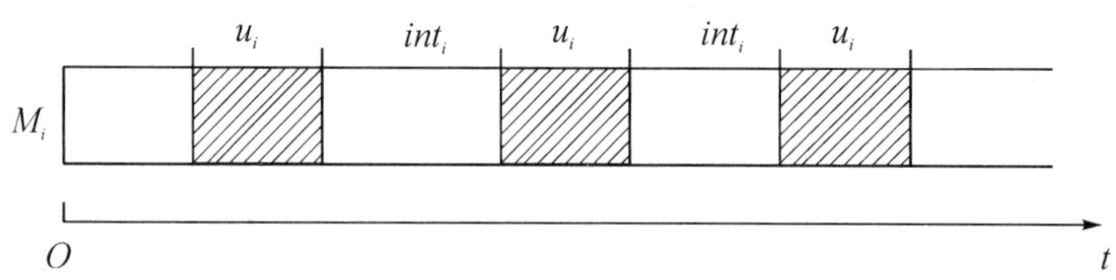

图 1-4　多个维护时段（维护时段固定）

（2）维护时间段可调的机器调度问题

如果对机器的维护计划和生产计划进行统一考虑，则维护的开始时间必须视作与工件的加工时间一样的决策变量，这一类问题又称之为弹性维护时间的机器调度问题（scheduling with flexible maintenance）、考虑不固定可用性约束的机器调度问题（scheduling with unfixed availability constraints）或者联合考虑工件和维护的机器调度问题（simultaneously/jointly scheduling jobs and maintenance activities）。假设机器 M_i 上存在维护时段，则存在一个时间窗［s_i，e_i］使得长度为 u_i 的维护活动必须落在这个时间窗内，即维护活动必须在时间段［s_i，$e_i - u_i$］内进行。机器 M_i 只有一个维护时段的情形如图 1-5 所示，机器 M_i 上有多个维护时段的情形如图 1-6 所示①。

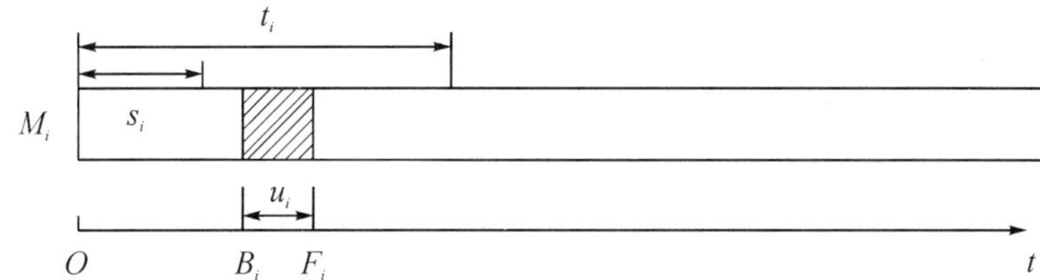

图 1-5 一个维护时段（维护时段可调）

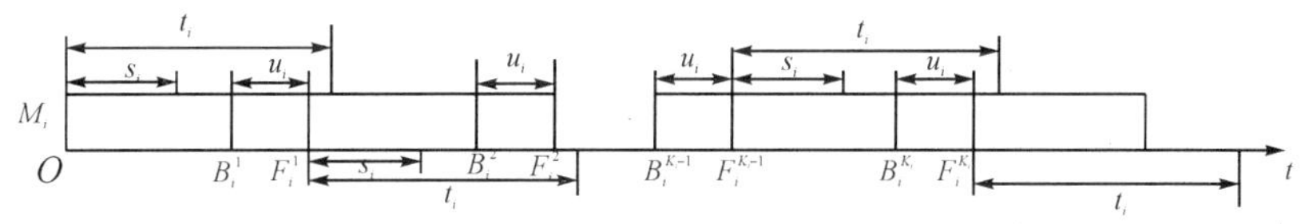

图 1-6 多个维护时段（维护时段可调）

在维护时间段可调的机器调度问题研究中，每个维护时间段都有与之对应的时间窗，维护活动允许在此时间窗内任意浮动。这种情形在实际生产过程中是存在的。例如，某大型空调制造企业的生产车间拥有多台大型机器，包括冲片机、胀管机、折弯机、弯管机以及脱脂炉等。这些机器的清扫、润滑等简单维护工作一般都由操作师进行，维护时间安排在每天开工前、收工后或者某些特殊工作任务完成后。但是对于其他

① 马英. 考虑维护时间的机器调度问题研究［D］. 合肥：合肥工业大学，2010.

复杂的机器、系统或者程序，例如电路系统、液压系统、冲片程序，他们的维护工作也相应地比较复杂。翻边高度及胀杆的调整、冲模的更换与大型检修等必须由某个特定的机器公司来执行。这些维护工作一般都是同属于一个集团的机器公司。为了降低维护工作对空调企业生产计划的影响以及实现整个集团利益的最大化，机器公司和空调企业的调度部门将采取合作方式来制订一个较为合理的调度方案。首先，机器公司根据这些复杂机器的使用手册制订一个初步的维护计划后将每个复杂机器的可行维护时间段告知空调企业的调度部门；其次，调度部门对维护工作以及工件进行统一调度，得到一个层次更高的优化方案；最后，企业的调度部门把具体的维护时间段的相关信息反馈给机器公司，具体的维护方式、内容等由机器公司执行。机器在此种模式下可以持续工作。但是，在某些机械加工企业中，刀具在机器加工一段时间后会出现磨损，磨损情况过于严重则会导致机器失效，此时生产出的产品质量不能合格，因此，操作师必须在特定的时间内更换机器的刀具，即机器的连续加工时间是受限制的。

此外，在维护时间可调的情况还存在机器连续加工受加工数量限制的情形，即连续加工一定数量的工件后，操作师必须对机器进行维护。例如，印刷电路板（PCB）企业在贴装工艺中，一般在加工一定数量的工件后，操作师必须对供料器进行重装或者清扫贴片机，实施安全检查等简单维护。某些时候，机器同时受连续工作时间和连续加工工件的双重限制，例如印刷电路板的钻孔机。这种情况下，操作师不仅要在钻孔机加工一段时间后进行维护，还要在加工一定数量的工件后对微钻进行更换。

1.2 研究现状

作为运筹学中研究最广泛的领域之一，关于机器调度问题的研究结果不胜枚举。若以 scheduling 和 machine 作为搜索主题词，在 Web of Science 上搜索出版物和文献，从 1996 年起每年超过 200 件，2005 年至今每年至少 300 件。这里主要讨论模糊环境下考虑维护时间的调度问题，因此首先分别考察考虑维护时间的机器调度问题和模糊加工时间的机器调度问题的研究现状，然后综合考虑此二类问题。为了更准确地把握考虑维护时间的调度问题和模糊调度问题的研究现状与研究热点，本书选取了四个重要的数据库（SCI，EI，ScienceDircet，CNKI），并通过应用 NoteExpess 与 NodeXL 软件的系统化文献研究方法（NN-SRM）对文献进行了系统的整理和回顾。

1.2.1 模糊时间的机器调度问题

自 20 世纪 70 年代 Prade 最早将模糊集理论应用到调度问题中①以来，关于模糊调度问题的研究成果越来越多。根据模糊理论在机器环境、工件特征以及最优准则中的应用，模糊调度问题中的不确定性可以是模糊加工时间、模糊交货期、模糊时间表长等。

1. 单机调度问题

对于目标函数是平均完成时间的单机调度问题，McCahon 和 Lee 研究的约束条件是三角模糊数和梯形模糊数的工件加工时间②。这种情形

---

① Prade H. Using fuzzy set theory in a scheduling problem: a case study [J]. Fuzzy Sets and Systems, 1979, 2 (2): 153-165.

② McCahon C, Lee E S. Job sequencing with fuzzy processing times [J]. Computers & Mathematics withApplications, 1990, 19 (7): 31-41.

下的调度问题，SPT 规则也是适用的。为了应用这个规则，需要利用 Lee-Li 秩评定法①来对模糊加工时间进行比较。

而后，Han 等考虑的研究对象是模糊数的工期，目标函数是最小化满意度与工件的完工时间和（$-a_0S_{\min}+\sum_{j=1}^{n}a_jp_j$），其中 a_j 是正常数②。他们设计了一个基于凸规划的算法，此算法可以在 $O(n^4)$ 时间内完成。Liao 等拓展了这个问题，使得工件的加工时间为三角模糊数，并给出了一个 $O(n^2\log G)$ 的多项式时间算法③。Murate 等证明最大化最小满意度问题与满意度函数有关，但是没有提出相应的算法。Ahmadizar 和 Hosseini 研究了带有学习效应（learning effect）的单机加工时间模糊问题，为了使得时间表长最短，他们利用模糊机会约束方法和秩评定法得出有化解的结论④。另外，Li 等考虑批处理的加工时间为三角模糊数的单机调度问题，目标函数为最小化最大完工时间以及最大化最小模糊有限可取值⑤。

2. 多机调度问题

时间表长是调度问题中考虑最多的类，也是制造系统最基本的需求。许多多机调度问题在没有考虑模糊环境的情况下就已经是 NP 难的。1999 年，Sakawa 等首次采用遗传算法（Genetic Algorithm，GA）求解模糊加工时间和模糊交货期的异序作业车间调度问题（Fuzzy job-

① Lee E，Li R J. Comparison of fuzzy numbers based on the probability measure of fuzzy events [J]. Computers & Mathematics with Applications，1988，15（10）：887-896.

② Han S，Ishii H，Fujii S. One machine scheduling problem with fuzzy duedates [J]. European Journal of Operational Research，1994，79（1）：1-12.

③ Liao C，Chen C，Lin C. Minimizing makespan for two parallel machines with job limit on each availability interval [J]. Journal of the Operational Research Society，2007，58（7）：938-947.

④ Ahmadizar F，Hosseini L. Minimizing makespan in a single-machine schedul- ing problem with a learning effect and fuzzy processing times [J]. The International Journal of Advanced Manufacturing Technology，2013，65（1-4）：581-587.

⑤ Li X，Ishii H，Chen M. Batch scheduling problem with due-date and fuzzy precedence relation [J]. Kybernetika，2012，48（2）：346-356.

shop Scheduling Problem，FJSSP）。他们在处理模糊加工时间时，采用三个准则将模糊加工时间和模糊交货期转换为确定参数，从而给出了一种简单实用的模糊调度方法①。2000 年，Sakawa 等针对上述异序作业调度问题在求解多目标的情形下设计了基于模糊规划的遗传算法②。尔后，Song 等提出了一种基于遗传算法和蚁群优化算法（Ant Colony Optimization，ACO）的混合算法，同时结合了局部搜索策略。Lei 设计了一种基于随机键编码的遗传算法来求解模糊环境下的异序作业调度问题③。宋晓宇等开发了一种基于关键工序的邻域搜索方法的混合蚁群算法④。

若模糊异序作业调度问题包含三个目标函数，Wu 等设计了一种粒子群优化算法（Particle Swarm Optimization，PSO）⑤。Niu 等则给出了一种结合粒子群算法和遗传算法的混合优化算法⑥。Hu 等通过改进差分进化算法（Differential Evolution Algorithm，DEA）得到模糊加工时间和模糊交货期的异序作业调度问题⑦。

模糊环境下的异序作业调度问题主要有 7 个模型，分别为 Lin 模型、

---

① Sakawa M，Mori T. An efficient genetic algorithm for job-shop scheduling problems with fuzzy processing time and fuzzy duedate [J]. Computers & Indus trial Engineering，1999，36 (2)：325-341.

② Sakawa M，Kubota R. Fuzzy programming for multiobjective job shop scheduling with fuzzy processing time and fuzzy duedate through genetic al gorithms [J]. European Journal of Operational Research，2000，120 (2)：393-407.

③ Lei D. Solving fuzzy job shop scheduling problems using random key genetic algorithm [J]. The International Journal of Advanced Manufacturing Technology，2010，49 (1-4)：253-262.

④ 宋晓宇，朱云龙，尹朝万，等. 应用混合蚁群算法求解模糊作业车间调度问题 [J]. 计算机集成制造系统，2007，13 (1)：105-109.

⑤ Wu C，Li D，Tsai T I. Applying the fuzzy ranking method to the shifting bottleneck procedure to solve scheduling problems of uncertainty [J]. The International Journal of Advanced Manufacturing Technology，2006，31 (1-2)：98-106.

⑥ Niu Q，Jiao B，Gu X. Particle swarm optimization combined with genetic operators for job shop scheduling problem with fuzzy processing time [J]. Applied Mathematics and Computation，2008，205 (1)：148-158.

⑦ Hu Y，Yin M，Li X. A novel objective function for job-shop scheduling prob lem with fuzzy processing time and fuzzy due date using differential evolution algorithm [J]. The International Journal of Advanced Manufacturing Technology，2011，56 (9-12)：1125-1138.

Ghrayeb 模型、Rodriguez 模型、Lei1 模型、Sakawa 模型、Song 模型以及 Lei2 模型。相关的文献如表 1-1 所示。2014 年 12 月底，我们在 SCI，EI，ScienceDircet 中，选取“machine scheduling problem，fuzzy processing time，job”作为检索词。为了保证较高的相关性，只选取检索词出现在“title，keywords，abstract”中的文献。在 CNKI 中，选取“工件、调度、模糊”为检索词。由于文献的数目过大，这一章节只选取检索词出现在“标题”中的文献。通过阅读标题与摘要来确定相关性，对所有文献进行初步删选整理得到文献数目分布，见表 1-2。

表 1-1　模糊环境下的机器调度问题几个主要模型

类别	模型	文献
模糊工期	Xie 模型	[205]
模糊加工时间	Lin 模型	[65] [138] [139] [170] [203]
	Ghrayeb 模型	[70] [155] [193]
	Rodriguez 模型	[133] [135] [165] [77] [80] [79]
	Lei1 模型	[122] [124] [125] [126] [211] [199] [202] [221]
模糊工期和模糊加工时间	Sakawa 模型	[62] [69] [87] [127] [130] [144] [176] [76]
	Song 模型	[140] [196] [195] [219]
	Lei2 模型	[86] [119] [120] [121] [123]

注：表中文献序号与本书参考文献序号一致。

表 1-2　文献分布

数据库	机器调度和维护时间	机器调度和模糊时间
SCI	792	769
EI	680	501
ScienceDirect	162	82
CNKI	14	13
文献汇总	1 518	1 169

对于模糊环境下的机器调度问题，在通过对文献进行初步删选整理后得到了 1 169 篇参考文献，见图 1-7。

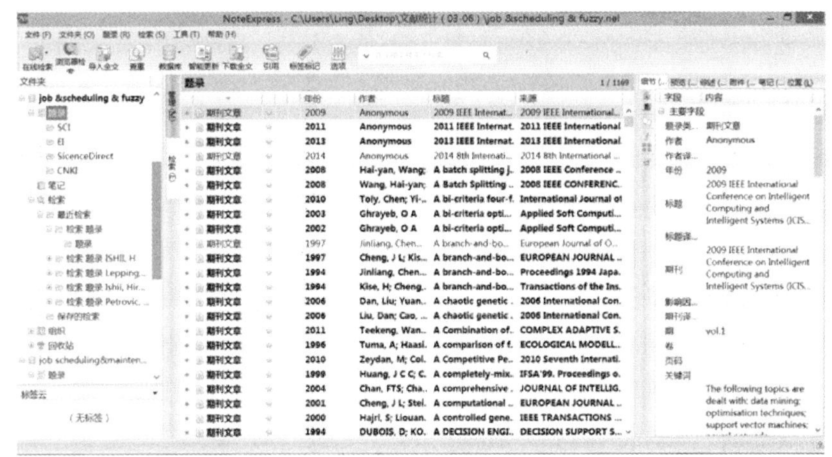

图 1-7 模糊时间的机器调度问题文献初步汇总

由于 SCI，EI，ScienceDircet，CNKI 这四个数据库的重叠性，首先对文献进行“查找重复题录（文献）”的操作，设置“待查重字段（E）”属性为“标题和年份”，选择“大小写不敏感（C）”“忽略标点符号和空格（I）”“设置匹配度（M）”为“模糊”，查找出 321 篇重复的题录。删除重复的题录后，得到了有 1 518 个题录的基础数据库。其次选择“文件夹统计信息”，分别对“年份”“标记”“期刊”“作者”进行统计，得到图 1-8 至图 1-10。文献总体统计结果见表1-3。

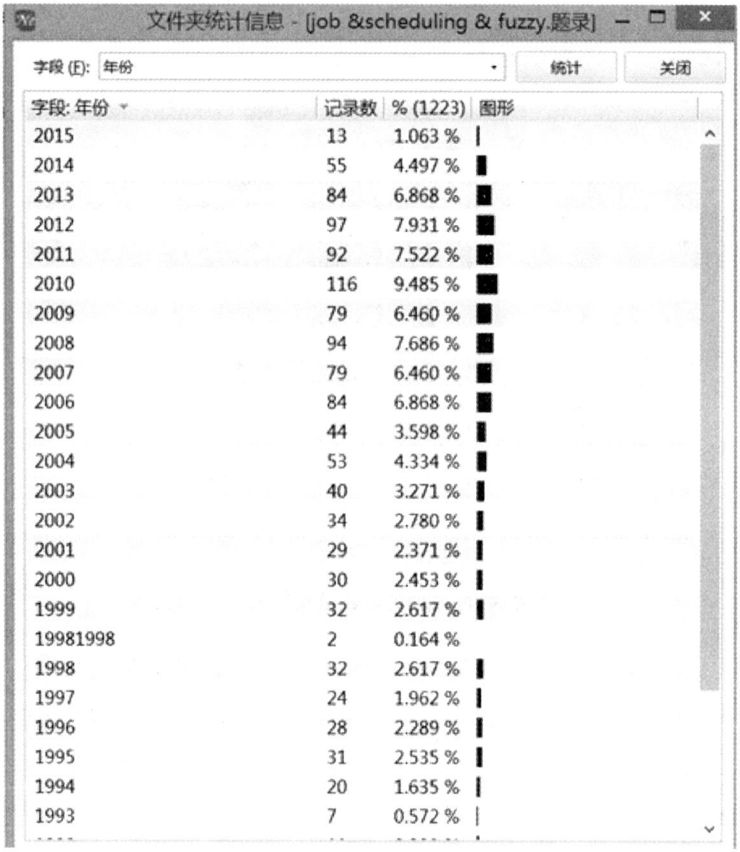

文件夹统计信息 - [job &scheduling & fuzzy.题录]

字段 (F): 年份　统计　关闭

字段: 年份	记录数	% (1223)	图形
2015	13	1.063 %	
2014	55	4.497 %	
2013	84	6.868 %	
2012	97	7.931 %	
2011	92	7.522 %	
2010	116	9.485 %	
2009	79	6.460 %	
2008	94	7.686 %	
2007	79	6.460 %	
2006	84	6.868 %	
2005	44	3.598 %	
2004	53	4.334 %	
2003	40	3.271 %	
2002	34	2.780 %	
2001	29	2.371 %	
2000	30	2.453 %	
1999	32	2.617 %	
19981998	2	0.164 %	
1998	32	2.617 %	
1997	24	1.962 %	
1996	28	2.289 %	
1995	31	2.535 %	
1994	20	1.635 %	
1993	7	0.572 %	

图 1-8　模糊时间的机器调度问题年份分布

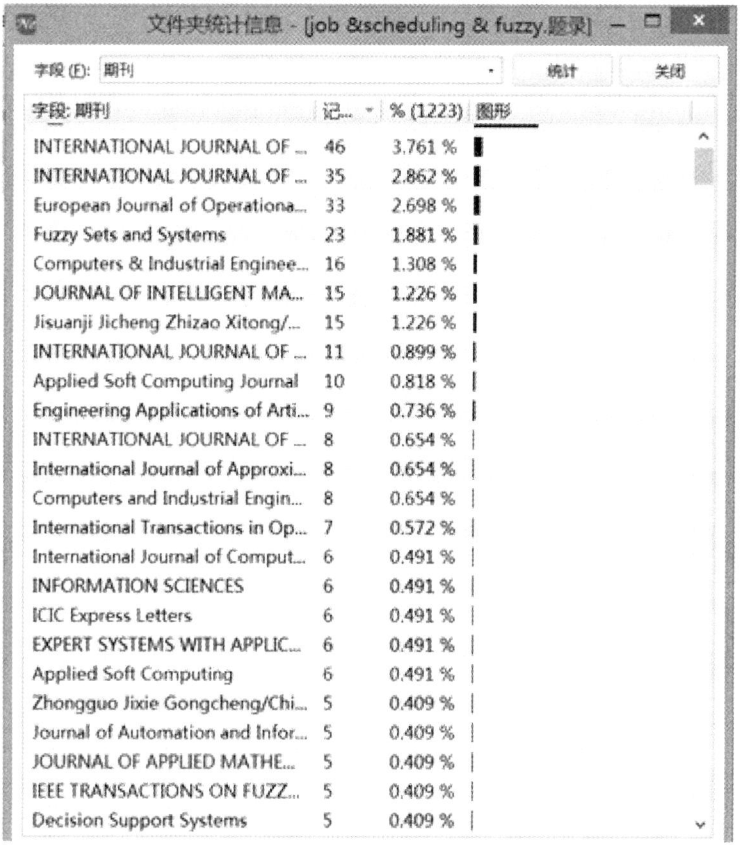

文件夹统计信息 - [job &scheduling & fuzzy.题录]

字段 (F): 期刊　统计　关闭

字段: 期刊	记...	% (1223)	图形
INTERNATIONAL JOURNAL OF ...	46	3.761 %	
INTERNATIONAL JOURNAL OF ...	35	2.862 %	
European Journal of Operationa...	33	2.698 %	
Fuzzy Sets and Systems	23	1.881 %	
Computers & Industrial Enginee...	16	1.308 %	
JOURNAL OF INTELLIGENT MA...	15	1.226 %	
Jisuanji Jicheng Zhizao Xitong/...	15	1.226 %	
INTERNATIONAL JOURNAL OF ...	11	0.899 %	
Applied Soft Computing Journal	10	0.818 %	
Engineering Applications of Arti...	9	0.736 %	
INTERNATIONAL JOURNAL OF ...	8	0.654 %	
International Journal of Approxi...	8	0.654 %	
Computers and Industrial Engin...	8	0.654 %	
International Transactions in Op...	7	0.572 %	
International Journal of Comput...	6	0.491 %	
INFORMATION SCIENCES	6	0.491 %	
ICIC Express Letters	6	0.491 %	
EXPERT SYSTEMS WITH APPLIC...	6	0.491 %	
Applied Soft Computing	6	0.491 %	
Zhongguo Jixie Gongcheng/Chi...	5	0.409 %	
Journal of Automation and Infor...	5	0.409 %	
JOURNAL OF APPLIED MATHE...	5	0.409 %	
IEEE TRANSACTIONS ON FUZZ...	5	0.409 %	
Decision Support Systems	5	0.409 %	

图 1-9　模糊时间的机器调度问题期刊分布

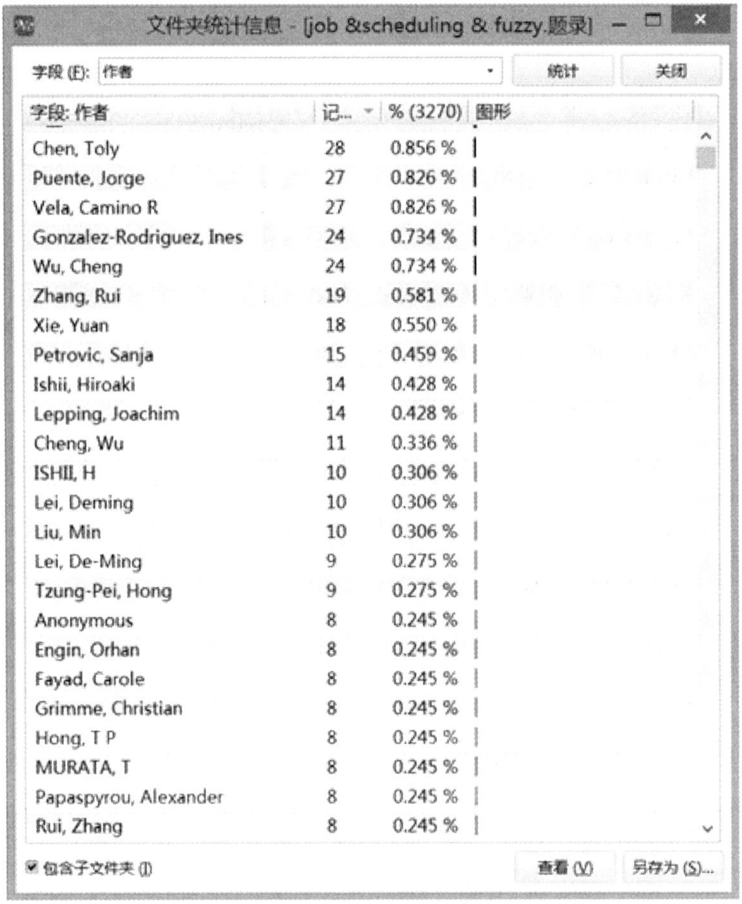

文件夹统计信息 - [job &scheduling & fuzzy.题录]

字段 (F): 作者　统计　关闭

字段: 作者	记...	% (3270)	图形
Chen, Toly	28	0.856 %	
Puente, Jorge	27	0.826 %	
Vela, Camino R	27	0.826 %	
Gonzalez-Rodriguez, Ines	24	0.734 %	
Wu, Cheng	24	0.734 %	
Zhang, Rui	19	0.581 %	
Xie, Yuan	18	0.550 %	
Petrovic, Sanja	15	0.459 %	
Ishii, Hiroaki	14	0.428 %	
Lepping, Joachim	14	0.428 %	
Cheng, Wu	11	0.336 %	
ISHII, H	10	0.306 %	
Lei, Deming	10	0.306 %	
Liu, Min	10	0.306 %	
Lei, De-Ming	9	0.275 %	
Tzung-Pei, Hong	9	0.275 %	
Anonymous	8	0.245 %	
Engin, Orhan	8	0.245 %	
Fayad, Carole	8	0.245 %	
Grimme, Christian	8	0.245 %	
Hong, T P	8	0.245 %	
MURATA, T	8	0.245 %	
Papaspyrou, Alexander	8	0.245 %	
Rui, Zhang	8	0.245 %	

包含子文件夹 (I)　查看 (V)　另存为 (S)...

图 1-10　模糊时间的机器调度问题作者分布

表 1-3　模糊时间的机器调度问题文献汇总

年份	1986 年以前：0；1986—1990 年：4（0.33%）；1991—1995 年：71（5.81%）；
	1996—2000 年：148（12.10%）；2001—2005 年：200（16.35%）；
	2006—2010 年：452（36.96%）；2011 年至今：341（27.88%）
关键	International Journal of Advanced Manufacturing Technology 46（3.76%）

表1-3(续)

期刊	International Journal of Production Research 35 (2.86%)
	European Journal of Operational Research 33 (2.70%)
	Fuzzy Sets and Systems 23 (1.88%)
	Computers & Industrial Engineering 16 (1.31%)
	Journal of Intelligent Manufacturing 15 (1.23%)
	Jisuanji Jicheng Zhizao Xitong/Computer Integrated Manufacturing Systems, CIMS 15 (1.23%)
	International Journal of Production Economics 11 (0.90%)
	Applied Soft Computing Journal 10 (0.82%)
作者	28 篇文献的作者：Chen, Toly
	27 篇文献的作者：Puente, Jorge; Vela, Camino R
	24 篇文献的作者：Gonzalez-Rodriguez, Ines; Wu, Cheng; 19 篇文献的作者：Zhang, Rui
	18 篇文献的作者：Xie, Yuan
	15 篇文献的作者：Petrovic, Sanja
	14 篇文献的作者：Ishii, Hiroaki; Lepping, Joachim; 10 篇文献的作者：Ishii, H

进一步地，为了得到模糊时间的机器调度问题的研究热点，对“年份”和“标记”进行分析。从图 1-8 可以清楚地看出，对模糊时间的机器调度问题的研究也呈现逐年递增的趋势，尤其是近 10 年的文献占了总文献的 90%。

将题录中所有文献的关键词输入 NodeXL，将两个关键词出现在一篇文章的关键词添加连线，并将属于同一个子图的关键词进行分组，用不同的颜色和形状表示，得到网络图 1-11。可见加工时间模糊的机器调度问题的文献关键词表现得相当集中。在 NodeXL 中添加网络图中的顶点标签，并计算各关键词顶点的连线数，以顶点的大小区别显示连线数从多到少的关键词，过滤连线数少于 26 的关键词，得到图 1-12。在

图 1-12 中可以看出，算法是加工时间模糊的机器调度问题研究中的一个热点问题，大量文章的关键词提到了遗传算法、粒子群算法、蚁群算法等热门算法；另一类热点问题是目标函数是时间表长、工期等问题。

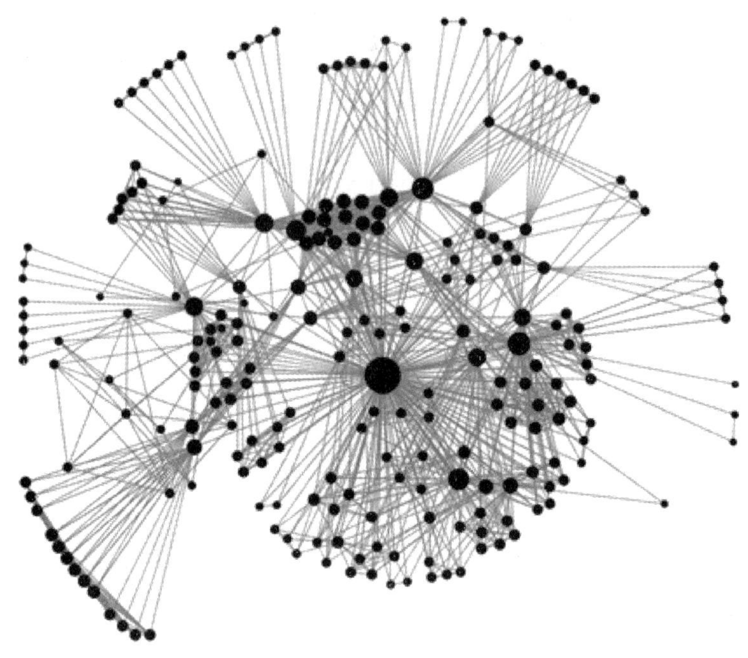

图 1-11 模糊时间的机器调度问题关键词网络图

1.2.2 考虑维护时间的机器调度问题

2014 年 12 月底，在 SCI，EI，ScienceDircet 中，选取“machine scheduling problem，maintenance，job”作为检索词。为了保证较高的相关性，只选取检索词出现在“title，keywords，abstract”中的文献。在 CNKI 中，选取“工件、机器调度问题、维护时间”为检索词。由于文献的数目过大，这里只选取检索词出现在“标题”中的文献。通过阅读标题与摘要来确定相关性，对所有文献进行初步删选整理，得到文献数目分布如图 1-12 所示。

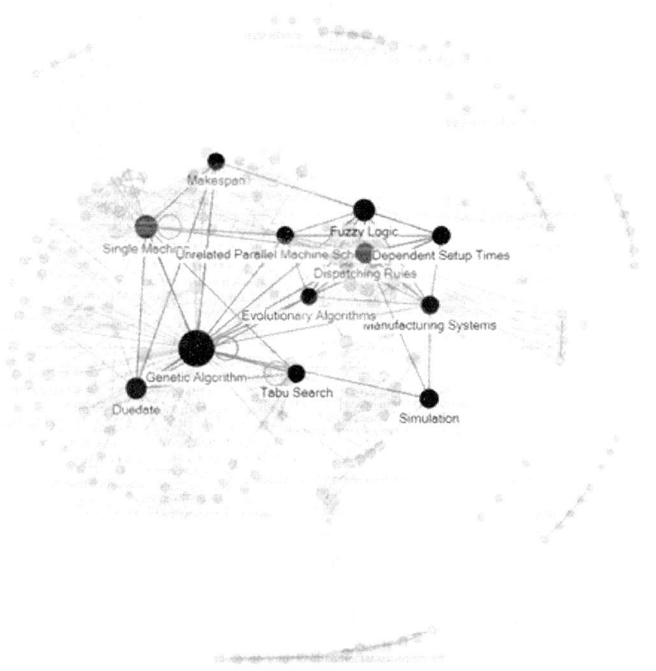

图 1-12 模糊时间的机器调度问题关键词网络图

对于考虑维护时间的机器调度问题，我们在通过对文献进行初步删选整理后得到了 1 518 篇参考文献，见图 1-13。

由于 SCI，EI，ScienceDircet，CNKI 这四个数据库的重叠性，我们首先对文献进行“查找重复题录（文献）”的操作，设置“待查重字段（E）”属性为“标题、年份”，选择“大小写不敏感（C）”“忽略标点符号和空格（I）”“设置匹配度（M）”为“模糊”，查找出 321 篇重复的题录，删除重复的题录后，得到了有 1 518 个题录的基础数据库。其次，选择“文件夹统计信息”，分别对“年份”“期刊”“作者”进行统计，得到图 1-14 至图 1-16 所示结果。文献总体统计结果见表1-4。

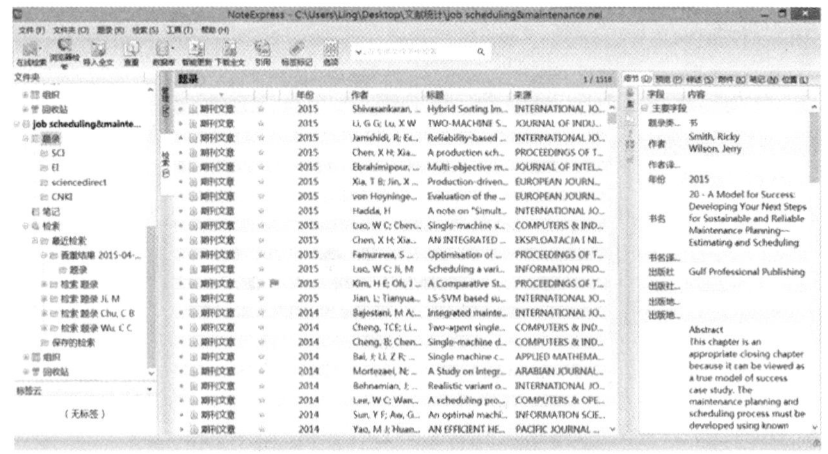

图 1-13 考虑维护时间的机器调度问题文献初步汇总

我们将题录中所有文献的关键词输入 NodeXL，将两个关键词出现在一篇文章的关键词添加连线，并将属于同一个子图的关键词进行分组，用不同的颜色和形状表示，得到网络图 1-17。可见考虑维护时间的机器调度问题的文献关键词表现得相当集中。在 NodeXL 中添加网络图中的顶点标签，并计算各关键词顶点的连线数，以顶点的大小区别显示连线数从多到少的关键词，过滤连线数少于 26 的关键词，得到图 1-18。从图 1-18 中可以看出，算法是考虑维护时间的机器调度问题研究中的一个热点问题，大量文章的关键词提到了遗传算法、粒子群算法、蚁群算法等热门算法；另一类热点问题是目标函数是时间表长、加权完工时间等问题。

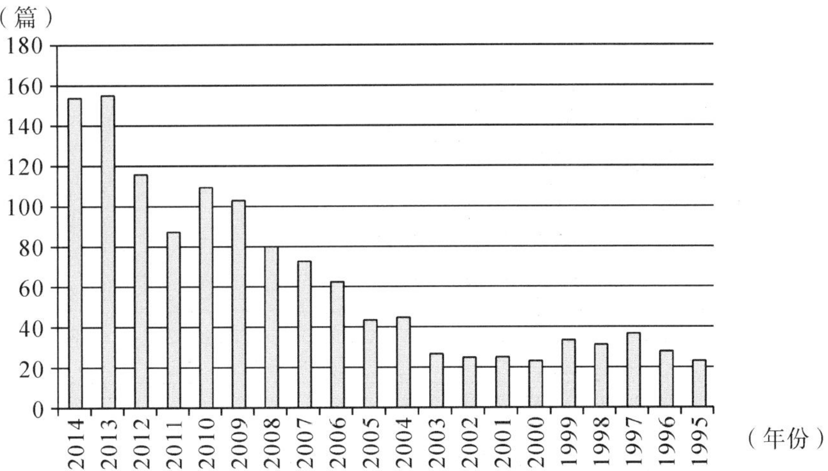

图 1-14　考虑维护时间的机器调度问题文献年份分布

字段: 期刊	记...	% (1455)	图形
International Journal of P...	76	5.223 %	
European Journal of Ope...	54	3.711 %	
International Journal of ...	52	3.574 %	
Computers & Industrial ...	44	3.024 %	
Computers & Operation...	42	2.887 %	
International Journal of P...	33	2.268 %	
Applied Mathematical ...	25	1.718 %	
Journal of the Operation...	23	1.581 %	
Naval Research Logistics	20	1.375 %	
Journal of Scheduling	19	1.306 %	
Expert Systems with App...	16	1.100 %	
Journal of Intelligent Ma...	14	0.962 %	
Applied Mathematics an...	13	0.893 %	
Computers & Mathemati...	11	0.756 %	
Plant Engineering (Barrin...	11	0.756 %	
IIE TRANSACTIONS	10	0.687 %	
Information Sciences	10	0.687 %	
Journal of Quality in Mai...	10	0.687 %	
Asia-Pacific Journal of O...	9	0.619 %	
Discrete Applied Mathe...	9	0.619 %	
Mathematical Problems ...	9	0.619 %	
OMEGA-INTERNATIONA...	8	0.550 %	
Management Science	7	0.481 %	
Optimization Letters	7	0.481 %	

图 1-15　考虑维护时间的机器调度问题期刊分布

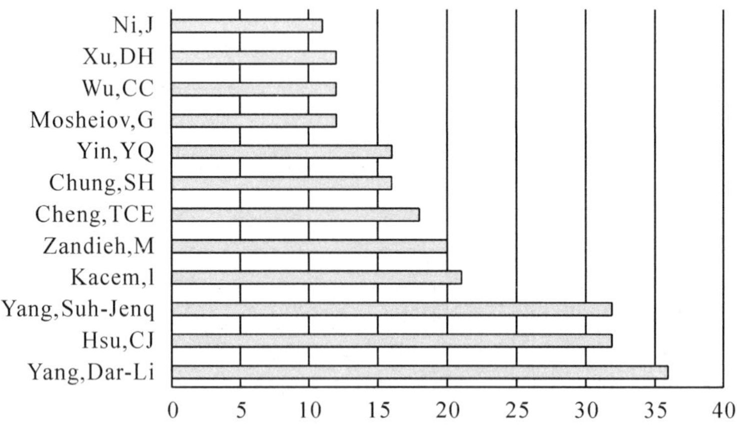

图 1-16 考虑维护时间的机器调度问题作者分布

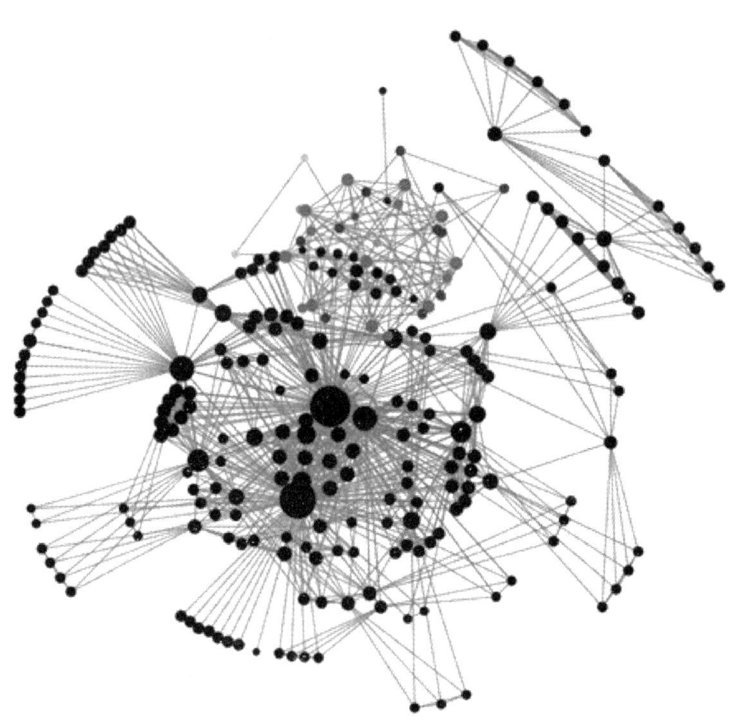

图 1-17 考虑维护时间的机器调度问题关键词网络图

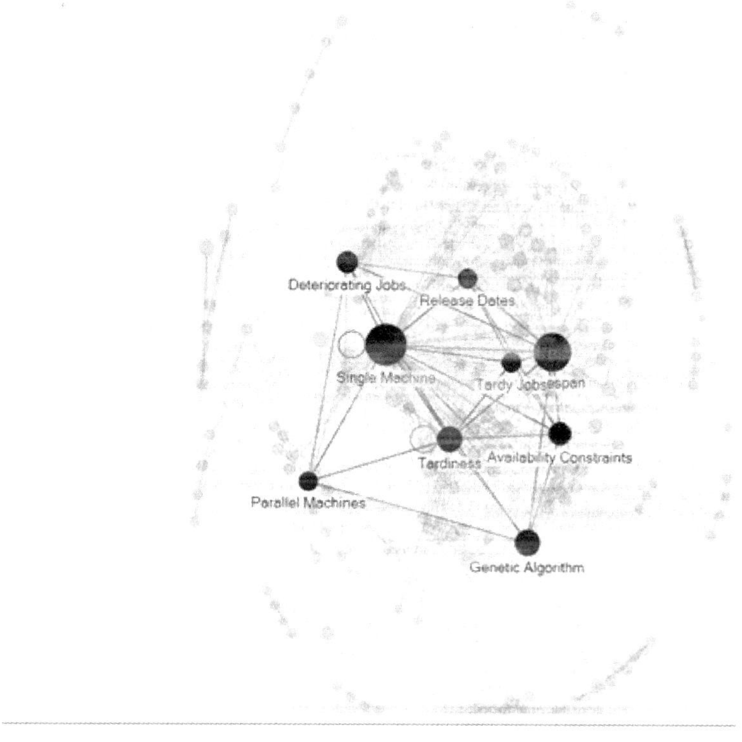

图 1-18 过滤后考虑维护时间的机器调度问题关键词网络图

表 1-4 考虑维护时间的机器调度问题文献汇总

年份	1980 年以前：36（2.37%）；1981—1985 年：24（1.58%）；1986—1990 年：45（2.96%）；
	1991—1995 年：79（5.19%）；1996—2000 年：154（10.12%）；2001—2005 年：175（11.50%）；
	2006—2010 年：435（28.58%）；2011 年至今：563（37.00%）
关键	International Journal of Production Research 78（5.13%）

表1-4(续)

期刊	European Journal of Operational Research 58 (3.81%)
	International Journal of Advanced Manufacturing Technology 52 (3.42%)
	Computers & Industrial Engineering 47 (3.01%)
	Computers & Operations Research 43 (2.83%)
	International Journal of Production Economics 35 (2.30%)
	Applied Mathematical Modelling 25 (1.64%)
	Journal of The Operational Research Society 23 (1.51%)
	Naval Research Logistics 20 (1.31%)
作者	36 篇文献的作者：Yang, Dar-Li
	32 篇文献的作者：Hsu, Chou-Jung; Yang Suh-Jenq; 21 篇文献的作者：Kacem, I
	20 篇文献的作者：Zandieh, M；18 篇文献的作者：Cheng, TCE
	16 篇文献的作者：Chung, SH, Yin, YQ；12 篇文献的作者：Mosheiov, G, Wu, C C；11 篇文献的作者：Ni, J
	10 篇文献的作者：Chu, C B, Ji, M

1. 维护时间段固定的机器调度问题

通过 Noteexpress 分析，考虑维护时间的机器调度问题中的大部分研究成果都假设维护时间段是固定的①②③。下面按照机器环境的不同进行分类讨论。

（1）单台机器调度问题

对于传统机器调度问题，如果目标函数是最小化完工时间，则按照 SPT（Shortest Processing Time First）规则即可得到最优加工工序。如果

① Lee C Y, Lei L, Pinedo M. Current trends in deterministic scheduling [J]. Annals of Operations Research, 1997, 70: 1-41.

② Sanlaville E, Schmidt G. Machine scheduling with availability constraints [J]. ActaInformatica, 1998, 35 (9): 795-811.

③ Schmidt G. Scheduling with limited machine availability [J]. European Journal of Operational Research, 2000, 121 (1): 1-15.

问题中增加机器存在准备时间这个条件，SPT 规则仍然能为该问题提供最优解。若维护时间段只有一个，Adiri 证明这个调度问题是 NP 难的，并且在 SPT 规则下，此问题的最坏情况相对误差界为 1/4，后来这个最坏情况相对误差界被 Lee 等修正为 2/7①。2005 年，Sadfi 等给出了一个证明 NP 难的方法，此方法比 Adiri 的更简便②。同时，Sadfi 还构造了一个近似算法，它的相对误差界为 3/17。而 Breit 等给出了一个启发式算法，它的相对误差比 Sadfi 的更小③。最后，He 等为这个问题设计了一个 PTAS（Polynomial-time Approximation Scheme）算法④。

维护时间段只有一个并且目标函数是最小化加权完工时间和的机器调度问题也是 NP 难的。若权重与加工时间相等，按照 WSPT（Weighted Shortest Processing Time）规则得到的最优解的相对误差界也为无穷大⑤。但是，Kacem 和 Chu 证明了在某些条件下，WSPT 算法和他文章中提出的 MWSPT（Modified Weighted Shortest Processing Time）规则下的相对误差界可以达到 2⑥。随后，Kacem 为此问题构造了一个 2 - 近似算法，此算法的时间复杂度为 $O(n^2)$⑦。随着时间的推移，一些

---

① Lee C Y, Liman S D. Single machine flow-time scheduling with scheduled maintenance [J]. Acta Informatica, 1992, 29 (4): 375-382.

② Sadfi C, Penz B, Rapine C, et al. An improved ap- proximation algorithm for the single machine total completion time scheduling problem with availability constraints [J]. European Journal of Operational Re search, 2005, 161 (1): 3-10.

③ Breit J. Improved approximation for non-preemptive single machine flow-time scheduling with an availability constraint [J]. European Journal of Operational Research, 2007, 183 (2): 516-524.

④ He Y, Zhong W, Gu H. Improved algorithms for two single machine scheduling problems [J]. Theoretical Computer Science, 2006, 363 (3): 257-265.

⑤ Lee C Y, Liman S D. Single machine flow-time scheduling with scheduled maintenance [J]. Acta Informatica, 1992, 29 (4): 375-382.

⑥ Kacem I, Chu C. Worst-case analysis of the wspt and mwspt rules for sin gle machine scheduling with one planned setup period [J]. European Journal of Operational Research, 2008, 187 (3): 1080-1089.

⑦ Kacem I. Approximation algorithm for the weighted flow-time minimization on a single machine with a fixed non-availability interval [J]. Computers & Industrial Engineering, 2008, 54 (3): 401-410.

学者也构建出了一些精确算法，例如混合整数线性规划、动态规划及分枝定界算法[①②]。

（2）平行机调度问题

Lee 证明了机器带有准备时间并且目标函数为最小化最大完工时间的平行机调度问题在经典的 LPT（Longest Processing Time）算法下的最坏情况相对误差界为 3/2-1/(2m)，在基于 MLPT（Modified Longest Processing Time）规则的启发式算法下的最坏情况相对误差界为 4/3[③]。如果某些机器在当前调度器内不能加工工件，则称该机器是不起作用的。那么在这种情况下，无论算法的最坏情况相对误差界有多么小，此界都是无效的。后来，Hwang 和 Chang 证明了这个问题的 MLPT 算法的界是紧的，并且证明 MULTIFIT 算法的最坏情况界为 9/7 +2-k，其中 k 为算法的主迭代次数，但算法是否为紧同样也是一个 NP 问题[④]。Lin 证明了这个问题的 MLPT 算法的最坏情况相对误差界分别为 4/3（m≥3）、5/4（m=2）和 0（m=1）。而 Yong 针对这个问题给出了一个带参数的最坏情况误差界，证明了基于 LPT 规则的算法是渐进最优的[⑤]。Kellerer 构造了一种对偶近似算法（dual approximation algorithm），并证明其最坏

---

① Kacem I，Chu C. Efficient branch-and-bound algorithm for minimizing the weighted sum of completion times on a single machine with one availability constraint［J］. International Journal of Production Economics，2008，112（1）：138-150.

② Kacem I，Chu C，Souissi A. Single-machine scheduling with an availability constraint to minimize the weighted sum of the completion times［J］. Computers & Operations Research，2008，35（3）：827-844.

③ Lee C Y. Parallel machines scheduling with nonsimultaneous machine available time［J］. Discrete Applied Mathematics，1991，30（1）：53-61.

④ Hark-Chin Hwang，Soo Chang. The worst-case analysis of the multifit algorithm for scheduling nonsimultaneous parallel machines［J］. Discrete Applied Mathematics，1999，92（2）：135-147.

⑤ Yong H. The lpt-bound of parallel machines scheduling with nonsimultane ous machine available time［J］. Journal Of Zhejiang University（Natural Science），1996（3）.

情况界为 5/4①。

对于两台机器，若目标函数为最小化时间表长，Yong 证明了 MULTIFIT 算法的最坏情况相对误差界为 $6/5+2^{-k}$，而 LPT 和 MULTIFIT 算法的复合算法的界为 $7/6+2^{-k}$②，程对于此问题给出了一个线性时间复合算法。如果只有一台机器上有准备时间，Liao 等则把维护时间段看作一个加工时间与准备时间等长的虚拟工件，然后直接应用 TMO 算法③④。对于三台机器，范静提出了一种线性时间的对偶阈值算法族（Dual Threshold Algorithm Class），并证明其最坏情况相对误差界为 6/5[3]。

（3）异序作业调度问题

与经典的异序作业调度问题息息相关的有两大难题。一是路径问题，即如何把工序分配到各个机器上；二是排序问题，即如何确定工序的开始时间以及完成时间。在本书中，由于考虑到机器的维护活动，而如何安排维护活动又是异序作业调度问题面临的新难题，这在一定程度上加大了原问题的难度系数。Chan 对于考虑维护时间的异序作业调度问题进行了研究，并设计了一种基于遗传算法的启发式算法。Gao 等针对此问题也给出了一个改进的遗传算法，并证明了他的计算结果要优于

---

① Kellerer H. Algorithms for multiprocessor scheduling with machine release times [J]. IIE Transactions, 1998, 30 (11): 991-999.

② Yong H. The multifit algorithm for set partitioning containing kernels [J]. Applied Mathematics-A Journal of Chinese Universities, 1999, 14 (2): 227-232.

③ Liao C, Shyur D, Lin C. Makespan minimization for two parallel machines with an availability constraint [J]. European Journal of Operational Research, 2005, 160 (2): 445-456.

④ Lin C, Liao C. Makespan minimization for two parallel machines with an unavailable period on each machine [J]. The International Journal of Advanced Manufacturing Technology, 2007, 33 (9-10): 1024-1030.

Xia 和 Wu[①②]。

（4）流水作业调度问题

传统的流水作业车间调度没有缓冲库存约束，即机器与机器之间的缓冲库存是无限的。若机器只有两台，其中某工件已经被一台机器加工完毕，与此同时，另一台机器正在加工另一工件，则将该工件存放起来等待第一台机器上的工件加工完毕，然后再加工这个工件。根据机器的台数，分为两台机器和多台机器。对于两机流水作业问题，Lee 证明了只要有一台机器上有一个维护时段，则是 NP 难的[③]。后来，Lee 又给出了此问题（第一台机器上有维护时间）的一个动态规划算法。由于此问题是 NP 难的，没有精确算法，Allaoui 给出了一个最坏情形误差界为 1 的算法，Lee 设计了一个时间复杂度为 $O(n\log n)$ 的启发式算法，Cheng 给出了最坏情形误差界为 1/3 的启发式算法，Breit 为此问题构造了一个相对误差界为 1/4 的启发式算法，Ng 和 Kovalyov 则将此问题与分划问题（Similar Partition Type Problem）进行归结，设计了一个时间复杂度为 $O(n^5/\varepsilon^4)$ 的 FPTAS（Fully Polynomial－Time Approximation Scheme）[④]。如果此问题中的时间能够调整，Wang 和 Cheng 则为此问题设计了一个 PTAS 和一个误差界为 2/3 的启发式算法[⑤⑥]。如果此问题中

① Gao J，Gen M，Sun L. Scheduling jobs and maintenances in flexible job shop with a hybrid genetic algorithm [J]. Journal of Intelligent Manufacturing，2006，17 (4)：493-507.

② Xia W，Wu Z. An effective hybrid optimization approach for multi-objective flexible job-shop scheduling problems [J]. Computers & Industrial Engineering，2005，48 (2)：409-425.

③ Lee C Y. Minimizing the makespan in the two-machine flowshop scheduling problem with an availability constraint [J]. Operations Research Letters，1997，20 (3)：129-139.

④ Ng C，Kovalyov M Y. An fptas for scheduling a two-machine flowshop with one unavailability interval [J]. Naval Research Logistics，2004，51 (3)：307-315.

⑤ Wang X，Cheng T E. An approximation scheme for two-machine flowshop scheduling with setup times and an availability constraint [J]. Computers & Operations Research，2007，34 (10)：2894-2901.

⑥ Wang X，Cheng T E. Heuristics for two-machine flowshop scheduling with setup times and an availability constraint [J]. Computers & Operations Research，2007，34 (1)：152-162.

的工件加工可以中断，Breit 为此问题设计了一个 PTAS。

如果维护时间是安排在第二台机器上，则 Lee 证明了此问题是弱 NP 难的，并设计了一个启发式算法，算法的时间复杂度为 $O(n\log n)$ 。Ng 和 Kovalyov 也为此问题设计了一个 FPTAS①。若每台机器上都有机器准备时间，Lee 给出了它的最优算法 JA。

如果每台机器上都存在任意多个维护时段，Blazewicz 提出了两个构造型启发式算法（constructive heuristic）和一个局域搜索（局域搜索微模拟退火）型启发式算法（local search heuristic）。Kubiak 等则证明了只要有任意多个维护时段发生在一台机器上，问题就是 NP 难的②。Kubzin 等为此问题设计了一个快速启发式算法，相对误差界为 1③。

若工件的加工是部分可续的或者不可续的，Lee 研究了三种情形：第一台机器上有一个维护时段，第二台机器上有一个维护时段以及两台机器上各有一个维护时段，并给出了相应的启发式算法④。Kubzin 为第二台机器上有一个维护时段的问题设计了一个 PTAS。对于不可续的情形，Allaoui 等考虑了仅在第一台机器上有一个维护时段的问题，并为此问题设计了一个复杂度与工件加工时间无关的动态规划算法⑤。

Gilmore 和 Hall 分别在 1964 年与 1966 年证明了经典的两台机器无

---

① Ng C, Kovalyov M Y. An fptas for scheduling a two machine flowshop with one unavailability interval [J]. Naval Research Logistics, 2004, 51 (3): 307-315.

② Kubiak W, Formanowicz P, Breit J, et al. Two-machine flow shops with limited machine availability. European Journal of Operational Research, 2002, 136 (3): 528-540.

③ Kubzin M A, Potts C N, Strusevich V A. Approximation results for flow shop scheduling problems with machine availability constraints [J]. Computers & Operations Research, 2009, 36 (2): 379-390.

④ Lee C Y. Two-machine flowshop scheduling with availability constraints [J]. European Journal of Operational Research, 1999, 114 (2): 420-429.

⑤ Allaoui H, Artiba A, Elmaghraby S, et al. Scheduling of a two-machine flowshop with availability constraints on the first machine [J]. International Jour nal of Production Economics, 2006, 99 (1): 16-27.

等待流水作业车间调度问题是多项式可解的①②。一旦将维护时间段考虑进去（一台机器上只有一个维护时间段），则原问题是 NP 难的。如果机器上的维护时间段有多个，则原问题就是强 NP 难的③④。对于第一台机器上只有一个维护时间段的调度问题，Espinouse 设计了一个基于 Gilmore-Gomory 算法（GGA）的算法复杂度为 $O(n\log n)$ 的启发式算法。后来，Wang 对不可续情形进行了研究，给出了一个相对误差界为 2/3 的改进算法。Cheng 又为此问题提出了一个 PTAS 和一个时间复杂度为 $O(n^2\log n)$ 的 3/2-近似算法。对 于第二台机器上只有一个维护时间段的情形，Espinouse 提出了一个基于 GGA 的相对误差界为 1 的启发式算法；Wang 和 Cheng 设计了一个改进算法，相对误差为 2/3⑤；Cheng 提出了一个 3/2- 近似算法。

对于两台机器上都有维护时间段的情形，Cheng 设计了一个 PTAS。如果两台机器上的维护时间段重合，Cheng 提供了一个相对误差为 3/2 的近似算法⑥。对于每台机器上有多个维护时间段的情形，Aggoune 先后设计了一个基于禁忌搜索和遗传算法相结合的启发式算法以及一个延迟几何方法（temporized geometric approach）。对于混合流水作业（hybrid flow

① Gilmore P C，Gomory R E. Sequencing a one state-variable machine：A solvable case of the traveling salesman problem［J］. Operations Research，1964，12（5）：655-679.

② Hall N G，Sriskandarajah C. A survey of machine scheduling problems with blocking and no-wait in process［J］. Operations Research，1996，44（3）：510-525.

③ Espinouse M L，Formanowicz P，Penz B. Minimizing the makespan in the two-machine no-wait flow-shop with limited machine availability［J］. Computers & Industrial Engineering，1999，37（1）：497-500.

④ Espinouse M L，Formanowicz P，Penz B. Complexity results and approxima tion algorithms for the two machine no - wait flow - shop with limited machine availability［J］. Journal of the Operational Research Society，2001，52（1）：116-121.

⑤ Wang G，Cheng T E. Heuristics for two-machine no-wait flowshop scheduling with an availability constraint［J］. Information Processing Letters，2001，80（6）：305-309.

⑥ Cheng T E，Liu Z. 32-approximation for two-machine no-wait flowshop scheduling with availability constraints［J］. Information Processing Letters，2003，88（4）：161-165.

shop）问题，Allaoui，Xie① 等分别进行了研究，这些问题都是 NP 难的，他们也相应地给出了近似算法。

2. 弹性维护时间段的调度问题

（1）维护时间段对应时间窗情形

如果机器上只存在一个维护时间段，Yang 等证明了目标函数为最小化时间表长的单机调度问题是 NP 难的，并设计了一种启发式算法，此算法融合了 LPT 规则②。对于目标函数是最小化总延误时间的单机问题，Chen 证明了其是 NP 难的，并构造了一个混合 0-1 整数规划（Binary Integer Programming，BIP）模型。针对机器上的维护时间段有多个的情况，Chen 设计了一种结合遗传算法和禁忌搜索算法的启发式算法。

通常将机器上有多个维护时间段且间隔时间相等的情形称之为弹性周期维护（flexible and periodic maintenance）。对于目标函数是平均流水时间的单机问题，Chen 证明了其是强 NP 难的，构造了 4 个混合的0-1 整数规划模型，并设计了一个启发式算法③。当目标函数是最小化时间表长时，此单机调度问题依然是强 NP-难的，Chen 为此问题构造了一个相对误差为 1 的启发式算法④⑤。随后，Lau 和 Zhang 分别研究了四个

---

① Xie J，Wang X. Complexity and algorithms for two-stage flexible flowshop scheduling with availability constraints ［J］. Computers & Mathematics with Applications，2005，50（10）：1629-1638.

② Yang D，Hung C，Hsu C J，et al. Minimizing the makespan in a single machine scheduling problem with a flexible maintenance ［J］. Journal of the Chinese Institute of Industrial Engineers，2002，19（1）：63-66.

③ Chen J. Single-machine scheduling with flexible and periodic maintenance ［J］. Journal of the Operational Research Society，2006，57（6）：703-710.

④ Chen J. Scheduling of nonresumable jobs and flexible maintenance activities on a single machine to minimize makespan ［J］. European Journal of Operational Research，2008，190（1）：90-102.

⑤ Xu D，Yin Y，Li H. A note on "scheduling of nonresumable jobs and flexible maintenance activities on a single machine to minimize makespan"［J］. European Journal of Operational Research，2009，197（2）：825-827.

基于不同工件特征和目标函数的单机调度问题，并分析了这些问题的计算复杂性以及相应启发式算法的性能①。对于弹性异序作业车间调度问题，Gao 等研究了在不同目标函数下的问题。这些目标函数包括最大机器负载量（maximal machine workload）、最大完工时间和机器总负载量(total workload of the machines)②。

如果是概周期维护问题，Xu 等研究了目标函数是最小化时间表长的平行机调度问题，证明了此问题是 NP 难的，并设计了一个 2t/s-近似算法③。

（2）机器连续工作时间受限

针对机器在连续工作一段时间后必须对某些部件进行更换的情形，Mosheiov 和 Sarig 证明了目标函数是加权完工时间和的单机调度问题是 NP 难的，并设计了一个有效的启发式算法④。如果机器的类型是同型机，Lee 证明了不论是在机器的维护活动可以同时进行的情况还是任意时刻只能维护一台机器的情形，此问题都是 NP 难的。为解决此问题，Lee 和 Chen 设计了相应的分枝定界算法⑤。若机器的类型是平行机，目标函数是完工时间和，levin 等证明了维护活动必须同时进行的情形是 NP 难的，并设计了一个双目标的 FPTAS、一个算法时间为拟多项式的动态规划算法以及一个启发式算法⑥。对于非同类机完工时间和问题，

---

① Lau H C，Zhang C. Job scheduling with unfixed availability constraints［J］. Research Collection School of Information Systems，2004.

② Gao J，Gen M，Sun L. Scheduling jobs and maintenances in flexible job shop with a hybrid genetic algorithm［J］. Journal of Intelligent Manufacturing，2006，17（4）：493-507.

③ Xu D，Sun K，Li H. Parallel machine scheduling with almost periodic main- tenance and non-preemptive jobs to minimize makespan［J］. Computers & Operations Research，2008，35（4）：1344-1349.

④ Mosheiov G，Sarig A. Scheduling a maintenance activity to minimize total weighted completion -time［J］. Computers & Mathematics with Applications，2009，57（4）：619-623.

⑤ Lee C Y，Chen Z. Scheduling jobs and maintenance activities on parallel machines［J］. Naval Research Logistics，2000，47（2）：145-165.

⑥ Levin A，Mosheiov G，Sarig A. Scheduling a maintenance activity on parallel identical machines［J］. Naval Research Logistics，2009，56（1）：33-41.

Mosheiov 构造了一个启发式算法[①]。对于两机流水作业最大完工时间问题，Allaoui 等证明了此问题是 NP 难的，并给出了一个启发式算法[②]。

针对每台机器的维护时间段都有多个的情形，Qi 等证明了目标函数是完工时间和的单机问题是 NP 难的，并分别设计了 SPT 算法、FBH 算法及 CH 算法和一个分枝定界算法[③]，其中 SPT 算法和 EDD 算法的相对误差界为 1[④]。Akturk 等针对更换时间的长短进行了研究，得出的结论为：如果更换时间很短，SPT 算法是可行的[⑤]。Sbihi 和 Varnier 对目标函数为最大延误时间的单机调度问题进行了研究，同时给出了两种算法（启发式算法和分枝定界算法）[⑥]。如果此问题的目标函数是误工时间总和，Chen 为其设计了两个混合 0-1 整数规划模型。针对如果机器类型是两台同型机的情况，Sun 和 Li 以及 Lee 和 Liman 分别对其进行了研究，并证明了 SPT 算法在此问题中的相对误差[⑦⑧]。如果调度的周期与维护的周期差距很大时，该问题都是NP 难的。

---

① Mosheiov G, Sarig A. A note: Simple heuristics for scheduling a mainte nance activity on unrelated machines [J]. Computers & Operations Research, 2009, 36 (10): 2759-2762.

② Allaoui H, Lamouri S, Artiba A, et al. Simultaneously scheduling n jobs and the preventive maintenance on the two-machine flow shop to minimize the makespan [J]. International Journal of Production Economics, 2008, 112 (1): 161-167.

③ Qi X, Chen T, Tu F. Scheduling the maintenance on a single machine [J]. Journal of the Operational Research Society, 1999, 1071-1078.

④ Qi X. A note on worst-case performance of heuristics for maintenance scheduling problems [J]. Discrete Applied Mathematics, 2007, 155 (3): 416-422.

⑤ Akturk M S, Ghosh J B, Gunes E D. Scheduling with tool changes to mini- mize total completion time: a study of heuristics and their performance [J]. Naval Research Logistics (NRL), 2003, 50 (1): 15-30.

⑥ Sbihi M, Varnier C. Single-machine scheduling with periodic and flexible periodic maintenance to minimize maximum tardiness [J]. Computers & Industrial Engineering, 2008, 55 (4): 830-840.

⑦ Sun K, Li H. Scheduling problems with multiple maintenance activities and non-preemptive jobs on two identical parallel machines [J]. International Journal of Production Economics, 2010, 124 (1): 151-158.

⑧ Lee C Y, Liman S D. Capacitated two-parallel machines scheduling to minimize sum of job completion times. Discrete Applied Mathematics, 1993, 41 (3): 211-222.

3. 调度问题的研究方法

机器调度问题是典型的组合优化问题。对于决策者而言，寻找最优的资源分配方案使其某些性能指标最优是核心利益所在。生产管理中的作业调度方案的优劣直接影响到制造企业的生产效率、服务质量以及制造企业对市场需求的分析能力。因此，机器调度问题吸引着许许多多国内外的学者对其进行深入研究。一般而言，机器调度问题的建模与算法是主要集中的研究内容。根据算法的精度加以区分，机器调度问题的算法有精确算法和近似算法，其具体分类如图 1-19 所示。精确算法可以得到调度问题的最优解，例如，对于最小化加权完工时间和的单机调度问题，SPT 规则算法即是该问题的精确算法①。但是，精确算法只适用于规模小的简单问题，一旦问题的复杂程度增加，规模也增大，精确算法的算法复杂度便会按指数级进行增长。到目前为止，已经设计出来的精确算法种类较多，主要代表有分枝定界法（Branch and Bounded）、整数规划法（Integer Programming）、拉格朗日法（Lagrange Relaxation）以及动态规划（Dynamic Programming）等。

然而，随着生产调度问题研究的深入，其规模越来越大，复杂度也越来越高，精确算法已无法满足调度问题的求解需求，因此，近似算法逐渐纳入学者们的研究范围内。近似算法的基本思路是用近似最优解替代最优解，从而简化算法设计和降低时间复杂度。衡量近似算法的性能有两个重要的标准，计算的时间复杂性和求解的近似程度。目前，近似算法的种类繁多，最典型的代表是启发式算法。启发式算法又有构造性启发式算法和元启发式算法之分。

构造性启发式算法只要根据机器调度问题的信息或制定一组规则就可以对问题进行求解。高效的运行速度是其主要优势。1960 年，Gimer 提出了一种优先分则框架算法，此算法是最早的构造性启发式算法。

---

① Smith W E. Various optimizers for single-stage production [J]. Naval Research Logistics Quarterly, 1956, 3 (1-2): 59-66.

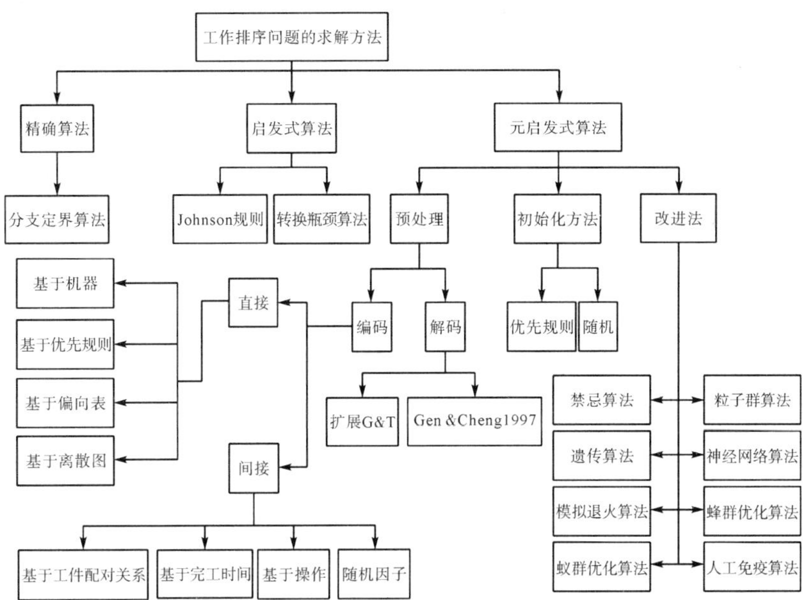

图 1-19 机器调度问题的研究方法

1977 年，Panwalker 和 Iskander 对调度问题进行总结，最后得出 100 多种调度规则，例如最短工件优先加工（SPT）、先到优先规则、交货期优先规则（EDD）及剩余时间最短优先等①。其中 SPT 规则能够减少所有工件的平均流程时间，EDD 规则有利于优化工件的延迟问题。利用基本的调度规则可以求解某些机器调度问题，但是有时候需要结合两个或者加权组合来求解问题，例如，Vepsalainen 等在 1987 年提出了一组针对最小化加权延期费用的异序作业调度问题的排序规则。Jin 等设计了装配车间调度规则来求解自动和手控混合的机器调度问题，通过仿真实验的模拟，证明此规则有利于降低平均延期时间。

由于调度规则的启发式算法会随着调度问题规模的增大和复杂度的增加而出现质量下降的劣势，因此，不少学者开始设计其他构造性启发

① Panwalkar S S, Iskander W. A survey of scheduling rules [J]. Operations Research, 1977, 25 (1): 45-61.

式算法。例如，1983 年，Nawaz 等为同序作业调度问题设计了 NEH 算法，通过仿真实验的模拟，证明此算法在求解许多典型的同序作业调度问题时都可以得到目前为止最好的解[①]。之后，Kalczynski 和 Kamburowski 又对此 NEH 算法进行了改进[②③]。2007 年，国内的陈萍等针对 Kalcznski 等设计的改进 NEH 算法进行验证，并在此基础上提出了一种新的 NEHD 算法[④]。

对于典型的异序作业调度问题，Adams 等在 1988 年提出了移动瓶颈（Shifting Bottleneck，SB）方法[⑤]。该算法具有较好的调度性能，但是计算时间过长。因此国内学者谢志强等分别在 2003 年和 2008 年设计了基于拟关键路径法（ACPM）和最佳适应调度方法（BFSM）的动态异序作业调度算法以及可动态生成具有优先级工序集的动态异序作业调度算法[⑥⑦]。

总而言之，构造性启发算法具有简单、易于实现的优点，对于简单的调度问题可以直接求出最优解。如果调度问题复杂且规模大，则可以为其他迭代算法提供比较好的初始解。

元启发式算法是指通过反复的迭代对候选解进行优化的算法。一般情况下，此类算法对源问题的相关信息需求较少，甚至不需要。随着对

---

① Nawaz M, Enscore E E, Ham I. A heuristic algorithm for the m-machine, n-job flow-shop sequencing problem [J]. Omega, 1983, 11 (1): 91-95.

② Kalczynski P J, Kamburowski J. On the neh heuristic for minimizing the makespan in permutation flow shops [J]. Omega, 2007, 35 (1): 53-60.

③ Kalczynski P J, Kamburowski J. An improved neh heuristic to minimize makespan in permutation flow shops [J]. Computers & Operations Research, 2008, 35 (9): 3001-3008.

④ 陈萍，黄厚宽，董兴业. 求解卸装一体化的车辆路径问题的混合启发式算法 [J]. 计算机学报, 2008, 31 (4): 565-573.

⑤ Adams J, Balas E, Zawack D. The shifting bottleneck procedure for job shop scheduling [J]. Management Science, 1988, 34 (3): 391-401.

⑥ 谢志强，刘胜辉，乔佩利. 基于 acpm 和 bfsm 的动态 job-shop 调度算法 [J]. 计算机研究与发展, 2003, 40 (7): 977-983.

⑦ 谢志强，杨静，杨光，等. 可动态生成具有优先级工序集的动态 job-shop 调度算法 [J]. 计算机学报, 2008, 31 (3): 502-508.

问题研究的深入，元启发式算法的种类日渐繁多，主要代表有遗传算法（GA）、粒子群算法、模拟退火算法、蚁群优化算法及禁忌搜索算法等。除此之外，能够用来求解机器调度问题的方法有进化规划（Evolution Programming，EP）、差分进化算法（Differential Evolution，DE）[①②]、遗传规划（Genetic Programming，GP）[③]、变邻域搜索（Variable Neighbor Search，VNS）[④] 及巢分区法（Nested Partitions Method，NPM）[⑤] 等。

1.3 研究思路

我们通过分别对加工时间模糊、考虑维护时间的机器调度问题以及模糊环境的现有文献进行回顾整理以后，形成了本书的研究思路。

遵循问题导向的研究思路，通过深入调研发现问题，抽象提炼分析问题，理论推演构建模型，改进创新设计算法，实践应用剖析案例。从制造企业的生产管理的作业计划问题入手，归纳其具体问题的概念模型，并进一步建立相应的决策模型，分析其数学性质和解的空间特性，针对模型的结构特性设计相应的求解算法，最后在实际应用中检验方法的有效性、科学性、合理性和实用性。这一过程也遵循了“实践—理论—实践”的认识路线。本书的研究思路如图 1-20 所示。

---

① Fogel L J, Owens A J, Walsh M J. Artificial intelligence through simulated evolution [M]. New York: Wiley, 1966.

② Schmidt G. Scheduling with limited machine availability [J]. European Journal of Operational Research, 2000, 121 (1): 1-15.

③ Koza J R, Rice J P. Genetic programming II: automatic discovery of reusable programs [J]. Operational Research, 1994, 1 (4): 80-89.

④ 潘全科，朱剑英. 解决无等待流水线调度问题的变邻域搜索算法 [J]. 中国机械工程, 2006, 17 (16): 1741-1743.

⑤ Shi L, Ólafsson S. Nested partitions method for global optimization [J]. Operations Research, 2000, 48 (3): 390-407.

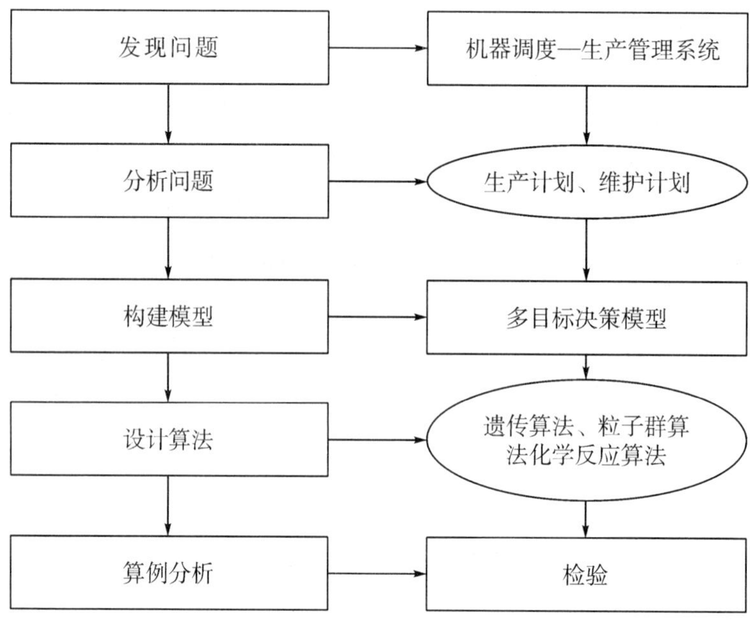

图 1-20 本书研究思路

一是发现问题。本书的研究目的是解决制造企业在生产管理的作业计划过程中对工件进行加工时产生的“生产计划—维护计划”的优化问题。

二是分析问题。本书将调研发现的关键问题，从理论视角进行深入分析，提炼出机器调度“生产—维护”优化的深层原理。根据实际问题的具体情况，建立起问题的概念模型，阐述其关键要素，探索内在本质，分析概念模型中各个关键要素所蕴含的物理性质及其相互之间的物理联系，从理论上概括出这种问题的数学模型的物理原型。

三是构建模型。本书在对问题进行深入分析的基础上，针对相关问题的模糊性与多目标性，构建了相应的数学模型，通过优化时间、成本等，以达到合理设计生产计划和维护计划、提高制造企业的生产效率及降低运营成本的目的。

四是设计算法。本书基于规范的数学模型的性质与特点，针对具体问题，设计求解算法。基于启发式算法，如遗传算法、粒子群优化算法以及化学反应算法的设计思路，将模型的特点融入算法设计之中，形成求解多目标问题机器调度问题的改进的启发式算法，以提高计算效率和稳定性，缩短求解时间。

五是算例分析。本书将模型构建的方法与设计的思路应用于相应的数值算例中，以检验建模与计算方法的科学性、有效性、合理性和实用性，通过对算例的剖析，对计算结果进行深入分析，发现结果的内在本质规律，得出机器调度问题的一般性原则，总结重要的相关结论。

可见，本书主体内容是由浅入深、由分到总的，每一章分别讨论了不同的模糊现象、不同的模糊转化模型以及具体的求解算法，每一章的内容相互呼应，都有问题描述、优化建模、模型分析、算法设计、数值算例五个方面。技术路线以机器调度理论、组织管理理论为指导，以决策科学理论为主要工具，以智能算法基础为主要技术，以实际应用为主线展开研究。

1.4 研究内容

本书分为导论、理论基础、模糊加工时间弹性维护活动的单机调度问题、模糊加工时间弹性维护活动的异序作业调度问题以及模糊随机维护时间窗的单机调度问题、结论与展望六章。研究内容结构图如图 1-21 所示。每一章的内容总结如下：

第一章为导论，介绍了研究背景，带维护时间的机器调度问题与模糊环境下的机器调度问题研究现状，通过文献综述对国内外的相关研究进行了总体评述，在此基础上提出了研究框架。

第二章为理论基础，概述了本书研究内容所涉及的调度理论、模糊型不确定理论、可靠性理论以及智能算法基础知识。

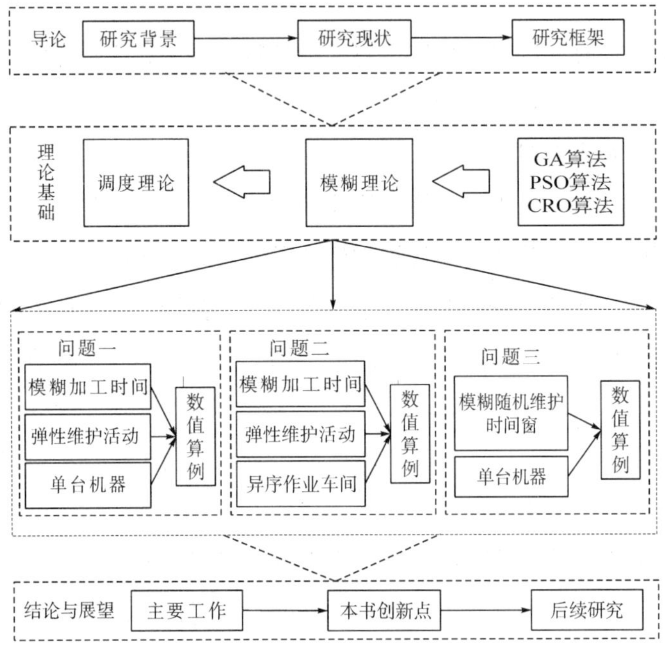

图 1-21 内容结构

第三章针对模糊加工时间弹性维护活动的单机调度问题，采用威布尔分布函数描述机器在运行过程中发生故障的时间的随机性，推导了机器故障概率与故障发生时间之间的关系方程，引入带乐观-悲观指标的期望算子对模糊参数进行清晰化处理。根据模型的特点，我们设计了基于二进制编码与序列编码相结合的具有加权适应度的多目标遗传算法，并以某车桥厂为案例进行了计算分析，结果证明了模型和算法的优化的有效性。通过与单独考虑维护计划与生产计划的比较发现，联合考虑维护计划与生产计划对提高制造企业的整体效率是有效的。

第四章针对模糊加工时间弹性维护活动的异序作业调度问题，运用模糊集的理论建立了相应的调度模型。针对该复杂模型，本章给出了基于化学反应算法和模拟退火搜索算法的混合智能算法的框架。由于此模型中存在模糊因素，本书对化学反应算法的四种基元反应做了相应的改进，同时增加了一种有效的交叉操作算子。单纯地依靠某一种算法，容易陷入局部最优。本章在化学反应算法的局部搜索过程中加入模拟退火搜索算，进一步提高了算法性能。通过分析某车桥厂车桥加工过程证明了化学反应-模拟退火搜索算法的寻优能力。大规模加工时间模糊、维护时间可调的异序作业车间调度问题的试验结果验证了算法求解大规模问题的能力。

第五章针对模糊随机维护时间窗的单机调度问题，采用模糊随机变量来描述维护时间窗的模糊性与随机性，并综合考虑决策者对生产计划的加权完工时间和以及维护计划的时效性的双重目标。此问题是一个NP 难的问题，无法用精确算法得出最优解。根据模型的特点，本章提出将 FFD 规则与加权最短加工时间优先（WSPT）规则相结合的改进全局-局部-临近点粒子群算法（GLNPSO-ff)。通过与单纯考虑模糊性与随机性的实例分析比较，我们发现综合考虑模糊随机更接近实际。通过与传统遗传算法以及经典粒子群算法的比较，证明了 GLNPSO-ff 算法的有效性和科学性。

第六章为结论与展望，主要是对全书的主要工作和结论进行总结，说明研究的创新点和未来的研究方向。

2 理论基础

为了研究模糊型环境下带维护时间的机器调度问题，需要对调度问题的基本知识及求解算法的基本理论进行回顾。这一章主要介绍调度问题及模糊的基本知识和相关的启发式智能算法。

2.1 调度理论

一般而言，一个具体的调度问题包含三个基本的信息：机器环境、工件特征以及最优准则。

1. 机器环境

机器环境用来描述机器的数量、不同机器之间的关系等以及与机器有关的性质。

（1）单机调度问题（single machine）。生产车间内只有一台机器，需要加工的工件都只有一道工序，并且所有工件都必须在该机器上加工。

（2）平行机调度问题（parallel machine）。生产车间内有一组功能相同的机器（一般设为 m 台，记为 P_m，m 是一个固定的正整数），需要加工的工件都只有一道工序，可以选择任意一台机器来加工工件（如果 m 不出现，即 P，则表示机器个数是任意的）。

（3）流水车间调度问题（flow shop）。生产车间内有一组功能不同的机器（一般设为 m 台，记为 F_m，m 是一个固定的正整数），需要加工的工件包含多道工序，每道工序在一台机器上加工，所有工件的加工路线都是相同的（如果 m 不出现，即 F，则表示机器个数是任意的）。

（4）异序作业调度问题（job shop）。生产车间内有一组功能不同的机器（一般设为 m 台，记为 J_m，m 是一个固定的正整数），需要加工的工件包含多道工序，每道工序在一台机器上加工，工件的加工路线互不相同（如果 m 不出现，即 J，则表示机器个数是任意的）。

2. 工件特征

工件特征，一般是指有关工件的各种加工信息，例如工件的开工时间、加工时间（processing time）、就绪时间、工件的交货期（due date）、工件的权重（weight）、完工时间（completion time）、运行时间（flow time）、延迟（lateness）、延误（tardiness）或提前（earliness）等。

加工时间也称为服务时间（service time）或执行时间（execution time），主要是指工件 J_j 在机器 M_i 上加工所需的（非负的）时间，可以用 p_{ij} 来表示。

就绪时间也称到达时间（arrival time）、准备时间（ready time）或释放（放行）时间（release time），主要是指工件 J_j 可以开始加工的时间，可以用 r_j 来表示。如果所有的工件都同时就绪，可以认为 $r_j=0$（$j=1, \cdots, n$）。

交货期 d_j 表示工件 J_j 的所有工序的加工都应该结束的时刻。

权重 w_j 表示工件 J_j 的重要性。

完工时间表示在机器和工件的一种安排下，对应于一张时间表（schedule）的输出数据有完工时间（completion time）C_j，是工件 J_i 的最后一道工序实际结束加工的时刻。

运行时间 $F_j = C_j - r_j$。

延迟 $L_j = C_j - d_j$。

延误 $T_j = \max\{L_j, 0\}$。

提前 $E_j = \max\{-L_j, 0\}$。

3. 最优准则

最优准则，也就是目标函数，一般有最小化和最大化两种，常见的最小化目标函数有如下 6 个。

（1）最大完工时间（makespan）$C_{max} = \max\{C_j \mid 1 \leq i \leq n\}$。

（2）加权完工时间和（total weighted completion time）$\sum_{i=1}^{n} w_i C_i$。特别地，当所有工件的权重相同时，此目标函数转化为完工时间和。

（3）最大延迟时间（lateness）$L_{max} = \max\{L_i \mid 1 \leq i \leq n\}$，其中 L_i 为工件的延迟时间，$L_i = C_i - d_i$。

（4）最大延误时间（tardiness）$T_{max} = \max\{T_i \mid 1 \leq i \leq n\}$，其中 T_i 为工件的延迟时间，$T_i = \max\{L_i, 0\}$。

（5）延误时间和（total tardiness）$\sum T_i = \sum_{i=1}^{n} T_i$。

（6）误工工件数（number of tardy jobs）$U = \sum_{i=1}^{n} T_i$，其中 $U_i = \begin{cases} 1, & C_i > d_i \\ 0, & C_i < d_i \end{cases}$。

常见的最大化目标函数是：

最小完工时间（minimum completion time）$C_{min} = \min\{C_i \mid 1 \leq i \leq n\}$。

2.2 模糊理论

在实际生产管理中，工件的加工过程中存在各种各样的不确定因素，例如，原材料推迟到达等，工件的加工时间无法用确定值来表达，只能给定一个时间范围。下面首先介绍模糊性的相关定义与性质。

假设 $\mathfrak{A}$ 为论域，通常定义一个普通集合 A 为 $\mathfrak{A}$ 中某些元素 $x(x \in \mathfrak{A})$ 的全体。对于论域 $\mathfrak{A}$ 中的每一个元素，或者属于 A，或者不属于 A，$A \subset \mathfrak{A}$。这种集合的描述方式多种多样，主要代表有：列举法，即列举出该集合中的全体元素；解析法，即用等式或者不等式约束来描述该集合中的元素；特征函数法，即通过特征函数来定义元素，若此元素属于该集合，则特征函数值为 1，否则特征函数取值为 0。然而，实际生活中，往往存在模棱两可的状态，即元素与集合的隶属关系不够清晰。例如，“近似等于 20”“年轻人”“满意”等。这些都无法用经典的概率论或者集合论来描述。1965 年，Zadeh 最早提出用模糊集的概念来处理这种不清晰情况[①]。随后，Kaufmann 和 Swanson 在 1975 年提出模糊变量[②]。1978 年，Zadeh 通过对模糊变量的深入研究提出可能性理论[③]。后来又吸引了许多学者对可能性理论进行研究，例如 Dubois 和 Prade[④]。在概率理论中，可以用概率分布函数来表示随机变量，而在可能性理论中，模糊变量则是用可能性分布函数描述的。在可能性理论被提出后的 40 多年里，模糊集理论发展迅速，日渐成熟。这里简要介绍模糊集以及模糊隶属函数等基本概念。

【定义 2.1】（模糊集）[⑤]　假设 $\mathfrak{A}$ 为论域，令 $\tilde{A}$ 为论域 $\mathfrak{A}$ 的一个子集。对 $\forall x \in \mathfrak{A}$，函数 $\mu_{\tilde{A}}$：$\mathfrak{A} \to [0, 1]$ 都指定了一个值 $\mu_{\tilde{A}}(x)$：$\mathfrak{A} \to [0, 1]$ 与之对应。$\mu_{\tilde{A}}(x)$ 在元素 x 处的值反映了元素 x 隶属于 $\tilde{A}$ 的程度，称集合 $\tilde{A}$ 为模糊子集，$\mu_{\tilde{A}}(x)$ 称为 $\tilde{A}$ 的隶属函数，记作

$$\tilde{A} = \{(x, \mu_{\tilde{A}}(x)) \mid x \in X\}.$$

基于上述定义，不难发现模糊集概念实质上是对传统集合概念的扩展。事实上，模糊集 $\tilde{A}$ 由隶属函数 $\mu_{\tilde{A}}(x)$ 来刻画。当隶属函数 $\mu_{\tilde{A}}(x) = \{0, 1\}$ 时，则模糊集 $\tilde{A}$ 退化为一个普通的集合 A。

---

① Zadeh L A. Fuzzy sets [J]. Information and Control, 1965, 8 (3): 338-353.

② Kaufmann A, Swanson D L. Introduction to the theory of fuzzy subsets [M]. NewYork: Academic Press New York, 1975.

③ Zadeh L A. The concept of a linguistic variable and its application to approx imate reasoning [M]. Berlin: Springer, 1974.

④ Dubois D, Prade H. Possibility Theory [M]. Berlin: Springer, 1988.

⑤ H. J. Zimmermann. Fuzzy set theory and its applications [M]. Berlin: Springer Science & Business Media, 2001.

【定义 2.2】（置信水平）模糊集 $\tilde{A}$ 的 α-截集定义为 $A_\alpha = \{x \in X \mid \mu_{\tilde{A}}(x) \geq \alpha\}$，$\alpha \in [0, 1]$，称 α 为模糊集 $\tilde{A}$ 的置信水平值。

显而易见，α-截集 A_α 是一个普通的集合。

【定义 2.3】（模糊数）假设 $\tilde{A}$ 为一个模糊集，它的隶属函数设为 $\mu_{\tilde{A}}(x) \to [0, 1]$。若

（1）对 $\forall\ 0<\alpha \leqslant 1$，$\tilde{A}$ 是上半连续的，即 α-截集 $A_\alpha = \{x \in X \mid \mu_{\tilde{A}}(x) \geq \alpha\}$ 是一个闭集；

（2）$\tilde{A}$ 是正规的，即 $\tilde{A} \neq \varnothing$；

（3）对 $\forall\ 0<\alpha \leqslant 1$，$\tilde{A}$ 是凸的，即 A_α 是 R 的一个凸子集；

（4）$\tilde{A}$ 的支撑的闭凸包 $A_0 = cl[co\{x \in R \mid \mu_{\tilde{A}}(x) > 0\}]$ 是紧的，则 $\tilde{A}$ 被称为模糊数。

由定义 2.3 可知，模糊数 $\tilde{A}$ 的 α-截集 A_α 实际上是实数域 R 上的闭区间，即

$$A_\alpha = \{x \in R \mid \mu_{\tilde{A}}(x) \geq \alpha\} = [A_\alpha^L, A_\alpha^R], \alpha \in [0, 1].$$

其中 A_α^L 和 A_α^R 分别表示闭区间 A_α 的左端点和右端点。

模糊隶属度函数在不同的系统中可能以不同的形式表现。在生产管理的机器调度应用中，较为常见的模糊隶属度函数主要是三角隶属度函数。在复杂的生产管理中，工件加工时间无法获得准确的数值，往往通过专家群体评估的方式，所获得的评估数据往往分布于某一范围，例如，加工时间的有效工作时间范围为 $[a, b]$，而最可能的有效工作时间为 c，其中 $a \leqslant c \leqslant b$。

【定义 2.4】[①] 如果模糊数 $\tilde{A}$ 的隶属函数形式为

① H. J. Zimmermann. Fuzzy set theory and its applications [M]. Berlin: Springer Science & Business Media, 2001.

$$\mu_{\tilde{A}}(x)\begin{cases}L(\frac{a-\infty}{l}), \text{若 } a-l \le x \le a,\ l>0\\ 1, \text{若 } x=a\\ R(\frac{\infty-a}{r}), \text{若 } a<x \le a+r,\ r>0\end{cases}$$

且基准函数 $L(x)$，$R(x)$ 为连续不增函数，且 L，R：$[0,1]\to[0,1]$，$L(0)=R(0)=1$，$L(1)=R(1)=0$，则称 $\tilde{A}$ 为 LR 模糊数，记为 $\tilde{A}=(a, l, r)_{LR}$，其中 a 为模糊数 $\tilde{A}$ 的中心值，l，r>0 分别称为左宽度和右宽度。

特别地，当 $L(x)=R(x)=1-x$ 时，LR 模糊数被称为三角模糊数（Triangular Fuzzy Number，TFN），记为 $\tilde{A}=(a-l, a, a+r)$。

LR 模糊数 $\tilde{A}$ 的 α -截集 A_α 为

$$A_\alpha=[A_\alpha^L, A_\alpha^R]=[a-L^{-1}(\alpha)l, a+R^{-1}(\alpha)r], \alpha\in[0,1]$$

图 2-1 所示为 LR 模糊数及其 α -截集。

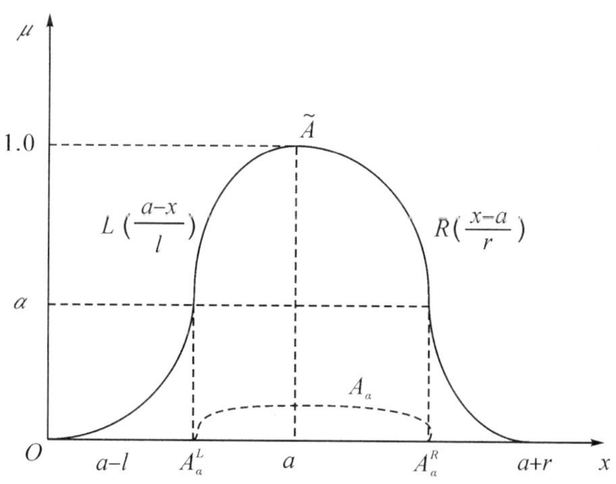

图 2-1　LR 模糊数 $\tilde{A}$ 及其 α -截集

三角模糊数 $\tilde{A}$ 的 α -截集 A_α 可以表示为以下形式，图示形式见图 2-2。

$$A_\alpha=[A_\alpha^L, A_\alpha^R]=[a-(1-\alpha)l, a+(1-\alpha)r], \alpha\in[0,1]$$

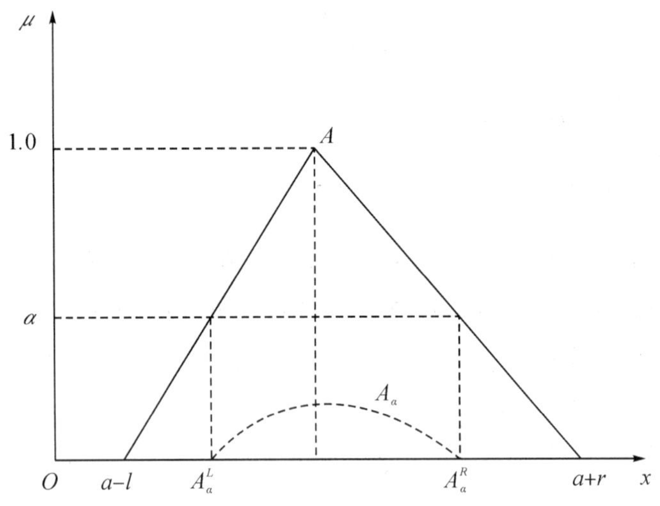

图 2-2 三角模糊数 $\tilde{A}$ 的 α -截集 A_α

在生产调度理论中，也存在不确定的因素使得某些工件特性无法用确切值来表达的情况，因此，本书采用模糊理论来处理生产调度中的不确定。模糊集理论能够为实际生产系统提供方便的数学建模框架，同时也为解决问题的启发式算法提供了某些优势。

（1）在随机概率理论中，必须提供不确定参数统计分布的重要信息。而在模糊理论中，即便没有可用的历史数据、信息，也能提供一个有效的方法来模拟不确定①。

（2）随机概率理论的应用涉及大量的运算，并且需要不确定时间参数的完整的统计分布知识②。

（3）在生产调度理论中，与随机概率理论相比，模糊集的利用可以降低计算复杂度。

---

① Anglani A, Grieco A, Guerriero E, et al. Robust scheduling of par allel machines with sequence-dependent set-up costs [J]. European Journal of Op erational Research, 2005, 161 (3): 704-720.

② Balasubramanian J. Grossmann I E. Scheduling optimization under uncertainty-an alternative approach [J]. Computers & Chemical Engineering, 2003, 27 (4): 469-490.

（4）模糊理论允许启发式算法中使用模糊规则。

考虑到实际生产过程中的应用，每个工件的加工时间不尽相同，因此许多学者将加工时间设置为三角模糊数。在这种情形下，令工件 J_i 的模糊加工时间是 $\tilde{p}_i$，表达式为（p_i^1，p_i^2，p_i^3），其中 p_i^1 与 p_i^3 分别为它的上、下界，即最乐观值和最悲观值，p_i^2 为其主值，也就是最大可能值，如图 2-3 所示。

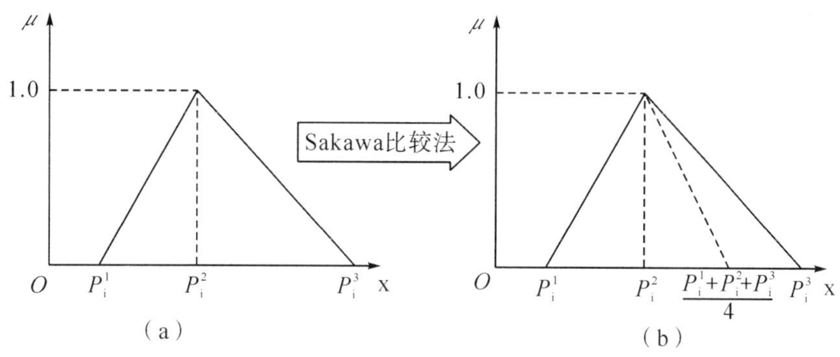

图 2-3 模糊加工时间

在模糊机器调度问题中，三角模糊数的处理主要有四则运算、比较运算和取大操作。给定两个三角模糊数：$\tilde{s}=(s_1, s_2, s_3)$ 和 $\tilde{t}=(t_1, t_2, t_3)$。

（1）四则运算。

由于加工时间的非负性，模糊加工时间的各个参数也都是非负的。

求和运算：$\tilde{s}+\tilde{t}=(s_1+t_1, s_2+t_2, s_3+t_3)$。

减法运算：$\tilde{s}-\tilde{t}=(s_1-t_1, s_2-t_2, s_3-t_3)$。

乘法运算：$\tilde{s}\tilde{t}=(s_1t_1, s_2t_2, s_3t_3)$。

除法运算：$\tilde{s}/\tilde{t}=(s_1/t_1, s_2/t_2, s_3/t_3)$。

（2）比较运算。

20 世纪 70 年代以来，如何比较模糊数已被国内外许多学者研究过。目前为止，比较模糊数的方法大约有 20 种，例如 λ 均值面积度量法、重心法、基于线性排序函数的比较方法以及高度比较法等。在生产调度领域，模糊数的比较尤为重要。两个实值的加工时间的比较最为简单。然而，若加工时间为三角模糊数，必须应用模糊数的比较方法，比如 Hamming 距离法、分布概率法、伪指令模糊偏好模型法①、新平均模糊权重法②及符号距离法③等。在这些方法中，应用最为广泛的是 Sakawa 和 Kubota 在 2000 年提出的方法，用三个准则来描述比较过程④。

Sakawa 将三角模糊数映射为三个精确数，转换过程为：令 $c_1(\tilde{s}) = (s_1 + 2s_2 + s_3)/4$，$c_2(\tilde{s}) = s_2$，$c_3(\tilde{s}) = s_3 - s_1$，则三角模糊数排序步骤如下。

①比较 $c_1(\tilde{s})$ 和 $c_1(\tilde{t})$，若 $c_1(\tilde{s}) < c_1(\tilde{t})$，则 $\tilde{s} < \tilde{t}$；若 $c_1(\tilde{s}) > c_1(\tilde{t})$，则 $\tilde{s} > \tilde{t}$；否则，转②。

②比较 $c_2(\tilde{s})$ 和 $c_2(\tilde{t})$，若 $c_2(\tilde{s}) < c_2(\tilde{t})$，则 $\tilde{s} < \tilde{t}$；若 $c_2(\tilde{s}) > c_2(\tilde{t})$，则 $\tilde{s} > \tilde{t}$；否则，转③。

③比较 $c_3(\tilde{s})$ 和 $c_3(\tilde{t})$，若 $c_3(\tilde{s}) < c_3(\tilde{t})$，则 $\tilde{s} < \tilde{t}$；若 $c_3(\tilde{s}) > c_3(\tilde{t})$，则 $\tilde{s} > \tilde{t}$；否则 $\tilde{s} = \tilde{t}$。

（3）取大操作。

若比较工件的模糊释放时间与机器的模糊空闲时间时，则采取取大操作，从而计算出工件的最早模糊开工时间。定义 $\tilde{s} \vee \tilde{t}$ 的隶属度函数

---

① Roy B, Vincke P. Relational systems of preference with one or more pseudo-criteria: Some new concepts and results [J]. Management Science, 1984, 30 (11): 1323-1335.

② Vanegas L, Labib A. Application of new fuzzy-weighted average (nfwa) method to engineering design evaluation [J]. International Journal of Production Research, 2001, 39 (6): 1147-1162.

③ Yao J, Wu K. Ranking fuzzy numbers based on decomposition principle and signed distance [J]. Fuzzy sets and Systems, 2000, 116 (2): 275-288.

④ Sakawa M, Kubota R. Fuzzy programming for multiobjective job shop scheduling with fuzzy processing time and fuzzy duedate through genetic al gorithms [J]. European Journal of Operational Research, 2000, 120 (2): 393-407.

$\mu_{\tilde{s} \vee \tilde{t}}$ 为

$$\mu_{\tilde{s} \vee \tilde{t}} = \sup_{z = x \vee y} \min\left(\mu_{\tilde{s}}(x), \mu_{\tilde{s}}(y)\right)$$

这里两个三角模糊数 $\tilde{s}$ 和 $\tilde{t}$ 的取大依照如下准则：

如果 $\tilde{s} > \tilde{t}$，则 $\tilde{s} \vee \tilde{t} = \tilde{s}$；否则 $\tilde{s} \vee \tilde{t} = \tilde{t}$。

$\tilde{s} \vee \tilde{t}$ 计算方法如下[①]并称之为 Sakawa 准则。

$$\tilde{s} \vee \tilde{t} = (s_1 \vee t_1, s_2 \vee t_2, s_3 \vee t_3) \tag{2.1}$$

如果直接采用这种原则，其计算量会非常大。因此，在生产调度问题中，采用一种合的方式是非常有必要的。依据 Sakawa 在 2000 年提出的化简方式，定义三角模糊取大位 $\tilde{s} \vee \tilde{t} = (s_1 \vee t_1, s_2 \vee t_2, s_3 \vee t_3)$。随后，Lei 在 Sakawa 取大方法的基础上设计出新的方法，即对于 $\tilde{s} \vee \tilde{t}$，如果 $\tilde{s} > \tilde{t}$，则 $\tilde{s} \vee \tilde{t} \approx \tilde{s}$；如果 $\tilde{s} < \tilde{t}$，则 $\tilde{s} \vee \tilde{t} \approx \tilde{t}$。

这种方法与 Sakawa 取大准则相比，更接近真实的结果[②]，如图2-4所示。

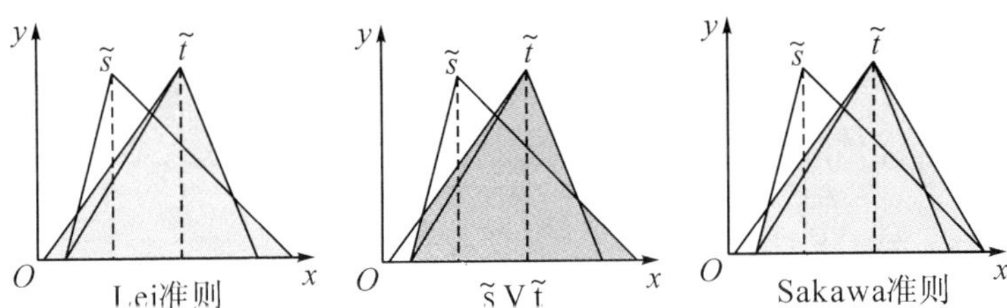

图 2-4 三角模糊数取大方法

① Sakawa M, Mori T. An efficient genetic algorithm for job-shop scheduling problems with fuzzy processing time and fuzzy duedate [J]. Computers & Indus trial Engineering, 1999, 36 (2): 325-341.

② Lei D. Fuzzy job shop scheduling problem with availability constraints [J]. Computers & Industrial Engineering, 2010, 58 (4): 610-617.

2.3 智能算法

机器调度问题主要涉及资源的配置与利用。大多数企业必须频繁地安排资源的分配，因此对良好的调度技术有着相当大的需求。自 20 世纪 50 年代中期起，研究人员一直在提倡使用正式的优化算法来解决调度问题。不幸的是，经过数十年的研究，这些方法仍只能保证一组非常有限的问题有最优解。对于传统优化算法，成功案例的局限性主要体现在两个方面。首先，许多的机器调度问题属于传统的 NP 难问题。这类问题随着资源调度规模的增大而不断增多。增长如此迅速，即使是最快的电脑也不能在合理的时间内搜索到每一个潜在的问题并进行解决。其次，对于许多实际调度问题，很难捕捉问题公式化的封闭的数学表达式。这个困难也许是大多数调度的原因仍然在一种特别的方式完成。基于以上两点，许多学者转向智能算法的研究，以试图寻求在合理的时间范围内得到优化问题的近优或者次优解。

2.3.1 遗传算法

1975 年，美国 Holland 教授根据生物遗传学的特性与观点，提出一种崭新的全局优化算法，即遗传算法（Genetic Algorithm，GA）。遗传算法的模拟机制是达尔文生物进化论中的自然选择与遗传学机理相关的生物进化过程，即通过选择、遗传、变异等操作，使得每一个个体不断提高适应性。遗传算法是直接对结构对象进行操作，没有限定求和导数必须是连续的，因此它不需要依赖梯度信息或者其他的辅助信息。此外，遗传算法还具有内在的隐并行性。它也具有更强大的全局寻找最优解的能力。对于遗传算法而言，它的寻优方法最主要的是采用概率，这样一来就可以自动获取和指导优化空间。同时，还可以得到自适应的调整方向，调整的过程不需要制定确定的规则。基于遗传算法的这些特性，它已经被学者们广泛地应用在机器学习、处理信号、优化组合、人工生命和自适应控制等领域。

在遗传算法中，一个种群由许多个体组成。种群中个体的数量就是这个种群的规模（popsize）。每一个个体都有两个特性：位置（即由染色体 chromosome 组成的基因 genes）和质量（即适应值 fitness value）。计算出每个个体的适应值，便可以用选择过程来产生匹配集。个体的质量越高，被选进匹配集的概率越大。匹配集中的个体称之为父代。一般而言，匹配集中的父代被随机选取后产生两个子代，而这两个子代作为新个体的概率很小。因此，新产生的种群将会被替代，同时开始新的一轮遗传。与达尔文进化论相对应的是：选择过程即是适者生存，两个父代产生两个子代就是交叉或者组合，子代中的微小变化就是变异。总体来说，遗传算法的过程有如下几个过程：

Step1：初始化。设置遗传算法的参数，包括种群的大小 *popsize*、交叉概率 p_c 、变异概率 p_m 以及最大遗传代数 $\tau_{\max}$ 。随机生成 *popsize* 个服从均匀分布的个体作为初始种群，并且评价它们的适应值。令 $\tau=0$。

Step2：主循环。重复以下步骤直至 $\tau > \tau_{\max}$ 。

Step2. 1：用二进制代码模仿自然生物的基因编码。每个基因都有两个特性：位置和质量。通过计算它们的适应值评价个体的优劣。通过轮盘赌法等方法从当前种群中选择 *popsize* 个优良的个体直接遗传到下一代或者通过配对交叉产生新的个体再遗传给下一代。

Step2. 2：重复以下操作直至一个新的大小为 *popsize* 的种群产生。在匹配集中随机选择两个个体按照概率 p_c 执行单点交叉，p_m 概率执行突变，产生新的子代后将它们都放入匹配集。

Step2. 3：评价新种群中每个个体的适应值。

Step2. 4：用新的种群替换当前种群，令 $\tau=\tau+1$。

Step3：将最后 *popsize* 个个体作为算法结果输出。

标准遗传算法的流程图可见图 2-5。

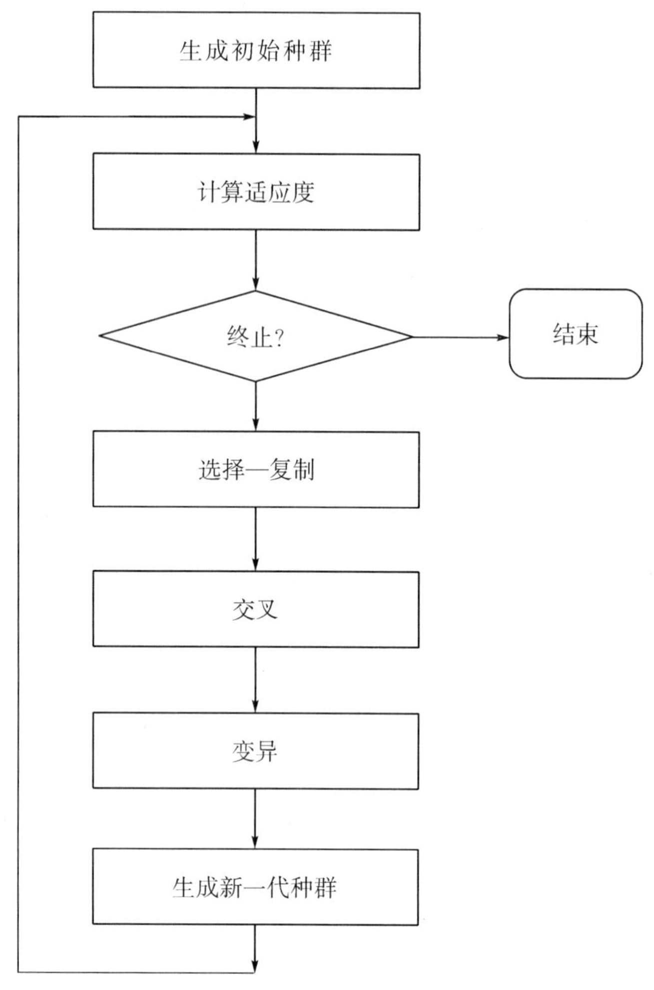

图 2-5 遗传算法的流程图

遗传算法与传统优化算法相比，有以下几个特点：①遗传算法的搜索起点是问题的串集，而非单个解，这样覆盖面大，不容易误入局部最优解，从而利于全局择优。②遗传算法用适应度函数来评估每个个体，并在此基础上执行遗传操作，而不是依赖搜索空间的知识，或者依赖其他辅助信息。这样一来，遗传优化算法可以根据优化问题的需要任意地设定适应度函数的定义域，同时适应度函数不需要满足连续可微的要求。③遗传算法的搜索方向是基于概率的变迁规则，而非确定性规则，这样更具有自适应、自组织以及自学习性。

基于遗传算法良好的特性，作为组合优化问题的子类-生产调度问题，也逐步引入次算法。1985 年，Davis 首先将遗传算法应用于调度问题，研究的对象是异序作业车间调度，编码方式是基于优先表的间接编码。后来，张长水和沈刚在 1995 年采用基于先后表的编码方式的遗传算法求解异序作业车间调度问题[①]，研究此类问题的还有纪树新和钱积新（连锁基因编码法）[②③] 以及杨晓梅和曾建潮（多个体交叉）[④]。吴悦等对模糊交货期下的流水作业车间调度问题进行了研究，并采用遗传算法求得近似最优解。王万良等针对调度问题提出了改进的遗传算法，此方法通过自适应调整个体的交叉概率和变异概率来提高遗传算法的全局收敛性。Pezzella 等提出了集成多种策略产生初始群的遗传算法。计算研究证明了在遗传框架中整合某些策略可以得到与已知的最好算法相类似的结果[⑤]。Gao 等又提出了一种改进的融合邻域变量的遗传算法，此方法采用两个向量来表达可行解和现进的交叉变异算子来改编特殊的染色体[⑥]。随着研究的深入，学者们发现在调度问题中遗传算法的局部搜索能力较弱，容易出现早熟收敛。因此有研究提出将遗传算法与其他优

---

① 张长水，沈刚. 解 job-shop 调度问题的一个遗传算法［J］. 电子学报，1995，23（7）：1-5.

② 纪树新. 基于遗传算法的车间作业调度系统研究［D］. 杭州：浙江大学，1997.

③ 纪树新，钱积新. 车间作业调度遗传算法中的编码研究［J］. 信息与控制，1997，26（5）：393-400.

④ 杨晓梅，曾建潮. 采用多个体交叉的遗传算法求解作业车间问题［J］. 计算机集成制造系统，2004，10（9）：1114-1119.

⑤ Pezzella F，Morganti G，Ciaschetti G. A genetic algorithm for the flexible job- shop scheduling problem［J］. Computers & Operations Research，2008，35（10）：3202-3212.

⑥ Gao J，Sun L，Gen M. A hybrid genetic and variable neighborhood descent algorithm for flexible job shop scheduling problems［J］. Computers & Operations Research，2008，35（9）：2892-2907.

化算法相结合产生混合算法，例如将遗传算法与邻域搜索算法结合（基于混沌序列）、遗传算法与结构寻优算法结合（种群空间与信仰空间相结合）、遗传算法与禁忌搜索算法混合、遗传算法与模拟退火混合。

2.3.2 粒子群算法

1995 年，美国社会心理学博士 Kennedy 和电子工程学博士 Russell 提出了一种新奇的优化算法。这个算法是在对一个简化的群体社会模型进行大量仿真和模拟的过程中发现的，这个算法就是粒子群算法（Particle Swarm Optimization，PSO）。凭借对算法名称的直觉认识，这个算法主要是模仿鸟群同步飞行、迅速改变方向、分散和重聚的能力。如此复杂的行为之所以被模仿主要归结于鸟群的社会信息分享能力。在粒子群算法中，用速度来表示鸟群的运动。搜索空间中一个没有质量、没有体积的微小颗粒便被看成是一个粒子，每一个 n 维粒子的位置就表示优化问题的一个可行解。每一个粒子以一定的速度在搜索空间内飞行，并且在它的迭代过程中通过发现自己本身和粒子群的最优经验不断地动态地修正个体飞行的速度与前进的方向，从而飞向更优的位置。在粒子群算法中，处于 n 维空间里的粒子 i 有如下三个方面的信息。

（1）粒子当前的位置 $X^i = \{x_1^i, x_2^i, \ldots, x_n^i\}$；

（2）粒子的历史最优位置 p^i，即每个粒子在历代搜索过程中自身能够达到的最优值，其中“最优”的概念由目标函数值来评价；

（3）目前为止粒子 p^g 是发现的全局最优位置，即整个种群中 m 个粒子在历代搜索过程中所达到的最优值。首先计算下一段速率

$$v_j^i(\tau^p + 1) = c_1 rand_1(p_j^i - x_j^i(\tau^p)) + c_2 rand_2(p_j^g - x_j^i(\tau^p)) \tag{2.2}$$

其中，τ^p 表示粒子群算法的迭代数，$rand_1$ 和 $rand_2$ 服从区间［0，1］上的均匀分布。$c_1>0$ 和 $c_2>0$ 表示加速系数，分别用来控制粒子的历史最优位置和粒子群的粒子最优位置对下一个速度的影响程度。$c_1 rand_1(p_j^i - x_j^i(\tau^p))$ 称之为认知要素，$c_2 rand_2(p_j^g - x_j^i(\tau^p))$ 称之为社会要素。粒子 i

移向下一个位置主要由以下公式决定：

$$x_j^i(\tau^p+1)=x_j^i(\tau^p)+v_j^i(\tau^p+1) \tag{2.3}$$

（4）粒子当前的速度向量。粒子的速度改变依据以下公式：

$$v_j^i(\tau^p+1)=w(\tau^p)v_j^i(\tau^p)+c_1rand_1(p_j^i-x_j^i(\tau^p))+c_2rand_2(p_j^g-x_j^i(\tau^p)) \tag{2.4}$$

其中 $0<w<1$ 表示惯性系数，$w(\tau^p)v_j^i(\tau^p)$ 表示动力要素。

粒子群算法有如下流程：

Step 1：初始化。

Step 1.1：设置粒子群算法的各个参数，包括粒子数 m、加速系数 $c_1>0$ 和 $c_2>0$、惯性系数 $0<w<1$ 以及停止准则（迭代次数 $\tau_{\max}^p$）。

Step 1.2：随机初始化 m 个粒子的位置和速度。计算它们的目标函数值并且相应地初始化个体最优位置和全局最优位置。

Step 2：主循环。重复以下步骤直至满足停止准则。

Step 2.1：令 $i=1$。

Step 2.2：确定粒子 i 的下一个位置。

Step 2.2.1：用公式（2.3）确定粒子 i 的下一个速度。针对不同的变量使用不同的 $rand_1$ 和 $rand_2$。

Step 2.2.2：用公式（2.4）确定粒子 i 的下一个位置。

Step3：输出势能作为算法的结果。

标准粒子群算法的流程图见图 2-6。

对于许许多多的非线性、不可微以及多峰值的特别复杂的优化问题，粒子群算法能够给出相应的可行性解，并且容易实现算法的程序，同时参数调整比较少，因此，粒子群算法作为进化算法一名重要的成

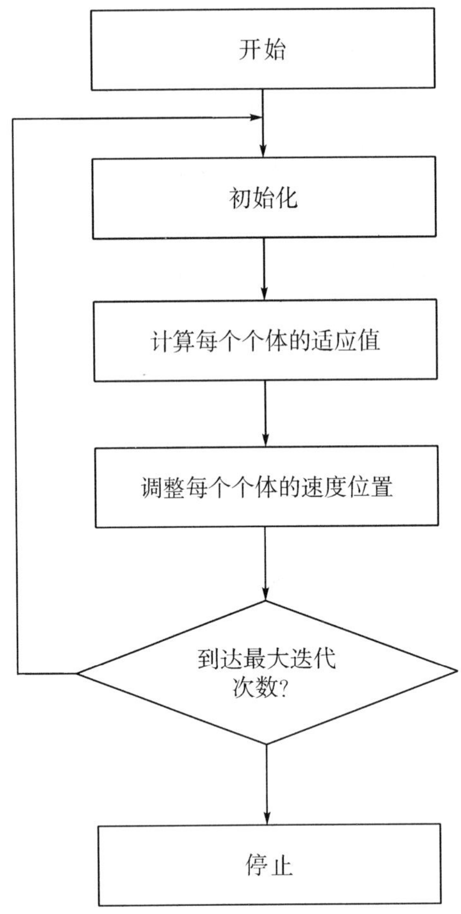

图 2-6 粒子群算法流程图

员，并且被应用在许多学科和工程领域①②。在机器调度问题研究中，也有不少研究成果是基于粒子群算法的应用。Tavakkoli-Moghaddam 等提出了改进的多目标粒子群算法来解决双目标异序作业调度问题，与此

① Eberhart R C, Shi Y. Particle swarm optimization: developments, applications and resources [J]. Proceedings of the Congress on Evolutionary Computation, 2001, 1: 81-86.

② Kennedy J, Kennedy J F, Eberhart R C. Swarm intelligence [M]. San Francisco: Morgan Kauf mann, 2001.

问题类似的还有 Sha 和 Lin。Lei 等采用 Pareto-粒子群算法解决多目标异序作业调度问题①。针对多目标异序作业车间调度问题，Pongchairerks 采用了粒子群算法来得到问题的解。在该算法中，采用对微粒以特定概率进行变异，从而保持粒子的多样性②。Zhang 等结合粒子群算法和禁忌搜索算法研究多目标弹性异序作业调度问题③。Marinakis 和 Marinaki 研究了置换流水作业车间调度问题，采用的是扩大邻域拓扑的粒子群算法④，而 Wang 和 Tang 则采用的是基于随机迭代局部搜索的粒子群算法。对于无等待流水作业车间调度问题，Akhshabi 等采用的是基于文化基因算法的粒子群算法。

2.3.3 化学反应算法

2010 年，Lam 和 Li 开发了一种新型演化计算技术——化学反应优化算法（Chemical Reaction Optimization，CRO），主要模拟的是大自然中的化学反应⑤。在化学反应中，分子之间相互作用从而寻求最小的系统势能。化学反应算法是一种松散耦合的化学反应的优化技术，它并不试图捕捉每一个化学反应的细节。根据分子结构、分子动能、势能以及对中心能量缓冲器的设置，Lam 和 Li 对化学反应算法的结构进行了系

① Lei D. Pareto archive particle swarm optimization for multi-objective fuzzy job shop scheduling problems [J]. The International Journal of Advanced Manufactur ing Technology, 2008, 37 (1-2): 157-165.

② Pongchairerks P. Particle swarm optimization algorithm applied to scheduling problems [J]. Science Asia, 2009, 35 (1): 89-94.

③ Zhang G, Shao X, Li P, eet al. An effective hybrid particle swarm opti- mization algorithm for multi-objective flexible job-shop scheduling problem [J]. Computers & Industrial Engineering, 2009, 56 (4): 1309-1318.

④ Marinakis Y, Marinaki M. Particle swarm optimization with expanding neigh borhood topology for the permutation flowshop scheduling problem [J]. Soft Computing, 2013, 17 (7): 1159-1173.

⑤ Lam A Y, Li V O. Chemical reaction optimization: A tutorial [J]. Memetic Computing, 2012, 4 (1): 3-17.

统的开发和探索，形成了化学反应算法的标准版本①。

1. 操纵代理

化学反应算法是一个多代理算法，每一个操纵便是它的一个分子。每个分子都包含一些特性。

w	分子结构
PE	势能，$PE_w=f(w)$
KE	动能
NumHit	碰撞次数
MinStruct	最小结构
MinPE	最小势能
MinHit	最小碰撞次数

2. 基元反应

在化学反应算法中，每一次迭代中都有四种分子间的基元反应。它们是用来操作解决方案（即探索解空间）和重新分配能量的分子和缓冲。这四个基元反应为：单个分子无效碰撞、分解、分子间无效碰撞和合成。

（1）单分子无效碰撞。单个分子在独立的空间内与墙壁进行碰撞，在这个碰撞的过程中，只有分子结构发生了微小的变化，记为 w'，即 $w\rightarrow w'$。假设 N（.）为任意的邻域搜索算子，则有 $w'=N(w)$ 并且 $PE_w'=f(w')$。另外，转换的分子的一小部分势能被退回到中央能量缓冲区（buffer）。令 $KElossRate$ 为化学反应的参数，并且有 $0\leqslant KElossRate\leqslant 1$，$a\in[KElossRate, 1]$ 是一个随机数，并且服从区间 $[KElossRate, 1]$ 上的均匀分布，则

$$KE_{w'}=(PE_w-PE_{w'}+KE_w)\times a \tag{2.5}$$

① Lam A Y, Li V O. Chemical-reaction-inspired metaheuristic for optimization [J]. IEEE Transactions on Evolutionary Computation, 2010, 14 (3): 381-399.

如果优化问题是组合问题，则邻域搜索算子 $N(.)$ 采用两两交换。考虑解形式是 n 维向量的问题，即 $w=[w(i), 1\leqslant i\leqslant n]$。从 w 中随机抽取两个不同元素 $w(i)$ 和 $w(j)$，$i<j$，掉换 $w(i)$ 和 $w(j)$ 位置即得到 $w'=[w(1), \cdots, w(i-1), w(j), w(i+1), \cdots, w(j-1), w(j), w(j+1), \cdots, w(n)]$。

如果优化问题是连续问题，则邻域搜索算子 $N(.)$ 采用高斯突变。考虑连续解空间的问题，即 $w=[w(i), 1\leqslant i\leqslant n]$，$w(i)\in[l_i, u_i]$，$l_i\leqslant u_i$，$l_i\ u_i\in R$，$\forall i$。首先设 Δi 是均值为 0，方差为 σ^2 的高斯概率密度函数，是一个随机变量。取其值为 δ_i，则有 $\tilde{w}(i)=w(i)+\delta_i$。这时，新解 $w'(i)$ 的值为：

$$w'(i)=\begin{cases}2l_i-\tilde{w}(i),\ \tilde{w}(i)<l_i\\2u_i-\tilde{w}(i),\ \tilde{w}(i)>u_i\\\tilde{w}(i)\end{cases}\tag{2.6}$$

剩余能量 $(PE_w-PE_{w'}+KE_w)\times(1-a)$ 将被转入中央能量缓冲区。能量守恒条件为 $PE_w+KE_w\geqslant PE_{w'}$。

（2）分解。单个分子在与独立空间内墙壁碰撞后分解成几个部分（为简单起见，设为两个部分），即 $w\rightarrow w_1'+w_2'$。只有当 $PE_w+KE_w\geqslant PE_{w_1'}+PE_{w_2'}$ 时，分子的分解才是有效的反应。另外，由于分解的复杂性，使用 buffer 获取分解分子的势能 $PE_{w_1'}$ 和 $PE_{w_2'}$。假设 σ_1，σ_2 相互独立且 σ_1，$\sigma_2\in[0, 1]$。则有

$$PE_w+KE_w+\sigma_1\times\sigma_2\times buffer\geq PE_{w_1'}+PE_{w_2'}\tag{2.7}$$

1/2 变化是分解的一种操作算子，具体操作方式如下：假设 $w=[w(i), 1\leqslant i\leqslant n]$ 分解的两个新解为 $w_1'=[w_1'(i), 1\leqslant i\leqslant n]$ 和 $w_2'=[w_2'(i), 1\leqslant i\leqslant n]$。对于 w_1'，首先复制 w 中元素到 w_1' 中，然后从中随机选择 n/2 个元素，对选择的每一个元素 $w_1'(i)$ 都根据问题约束条件来重新配置一个新值。例如，假设问题规定 $w_1'(i)$ 只能够从

集合 s_i 中取值，则 $w_1'(i)$ 就只能从 s_i 中随机选择一个元素。假设 s_i 是连续集合，可以对 $w_1'(i)$ 增加一个随机摄动，就如上一部分讲到的高斯突变中给 $w_1'(i)$ 赋值一样。w_2' 的操作方式同上。由于 w_1' 和 w_2' 中元素都是随机选取且随机赋值的，每次分解反应的 w_1' 和 w_2' 都是不同的。

（3）分子间无效碰撞。多个分子相互碰撞后相互作用，反应分子数不改变。即 $w_1+w_2 \rightarrow w_1'+w_2'$，$w_1'=N(w_1)$，$w_2'=N(w_2)$。能量守恒条件为

$$PE_{w_1} + PE_{w_2} + KE_{w_1} + KE_{w_2} \geq PE_{w_1'} + PE_{w_2'} \tag{2.8}$$

如果优化问题是组合问题，则邻域搜索算子 $N(.)$ 采用两两交换。如果优化问题是连续问题，则邻域搜索算子 $N(.)$ 采用高斯突变。

（4）合成。与分解对应，指多个分子相互碰撞，最后融合在一起的过程，即 $w_1+w_2 \rightarrow w'$。

能量守恒条件为

$$PE_{w_1} + PE_{w_2} + KE_{w_1} + KE_{w_2} \geq PE_{w'} \tag{2.9}$$

概率选择是合成的一种操作算子，具体操作方式如下：由 $w'=[w'(i), 1 \leqslant i \leqslant n]$ 和 $w_1=[w_1(i), 1 \leqslant i \leqslant n]$ 和 $w_2=[w_2(i), 1 \leqslant i \leqslant n]$ 合成所得，w' 中每一个元素都是等概率地从 w_1 和 w_2 中随机选取。

3. 能量守恒定律

化学反应算法的一个基本假设是能量守恒，即能量不能凭空消失或者产生。系统的总能量有初始种群的基数（PoPSize）、初始势能（InitialKE）以及初始中央能量缓冲器（buffer）决定。

$$\sum_{i=1}^{PoPSize(t)} [PE_{w_i}(t) + KE_{w_i}(t) + buffer(t)] = C \tag{2.10}$$

其中 $PE_{w_i}(t)$，$KE_{w_i}(t)$，$PoPSize(t)$，$buffer(t)$ 分别表示在时间 t 时分子 i 的势能、动能、种群大小及中央缓冲能量，C 是常量。

令 k、l 分别表示化学反应前后的种群大小，w 表示化学反应前的分

子，w' 表示反应后生成的分子，则只有满足能量守恒条件后，基元反应才能够发生。

$$\sum_{i=1}^{k}(PE_{w_i}+KE_{w_i}) \geq \sum_{i=1}^{l}PE_{w_i'} \tag{2.11}$$

从理论上讲，能量是不可能包含一个负值的，因此任何导致能量为负值的操作都是不可取的。然而，在一些目标函数为负值的问题中，可以通过成等价的正值问题后再实施化学反应。

化学反应算法有如下流程：

Step1：初始化。

Step 1.1：设置化学反应算法的各个参数，包括种群大小（$CRO_{popsize}$），动能损失率（KElossRate），决定参与基元反应的分子数量系数（MoleColl），中央能量缓冲区（buffer），初始动能（InitialKE），分解系数 α 以及合成系数 β 。

Step 1.2：随机初始化分子 w 的结构。

Step2：主循环。重复以下步骤直至满足停止准则。

Step 2.1：令 $i=1$。

Step 2.2：随机生成区间［0，1］上的数 b ，如果 $b > MoleColl$，则执行单分子碰撞，否则，执行分子间的碰撞。

Step 2.2.1：如果 $NumHit - MinHit > \alpha$ ，则发生分解反应，否则，发生单分子无效碰撞。

Step 2.2.2：如果 $KE \leqslant \beta$ ，则发生合成反应，否则，发生分子间无效碰撞。

Step3：输出势能作为算法的结果。

化学反应算法的流程图如图 2-7 所示。

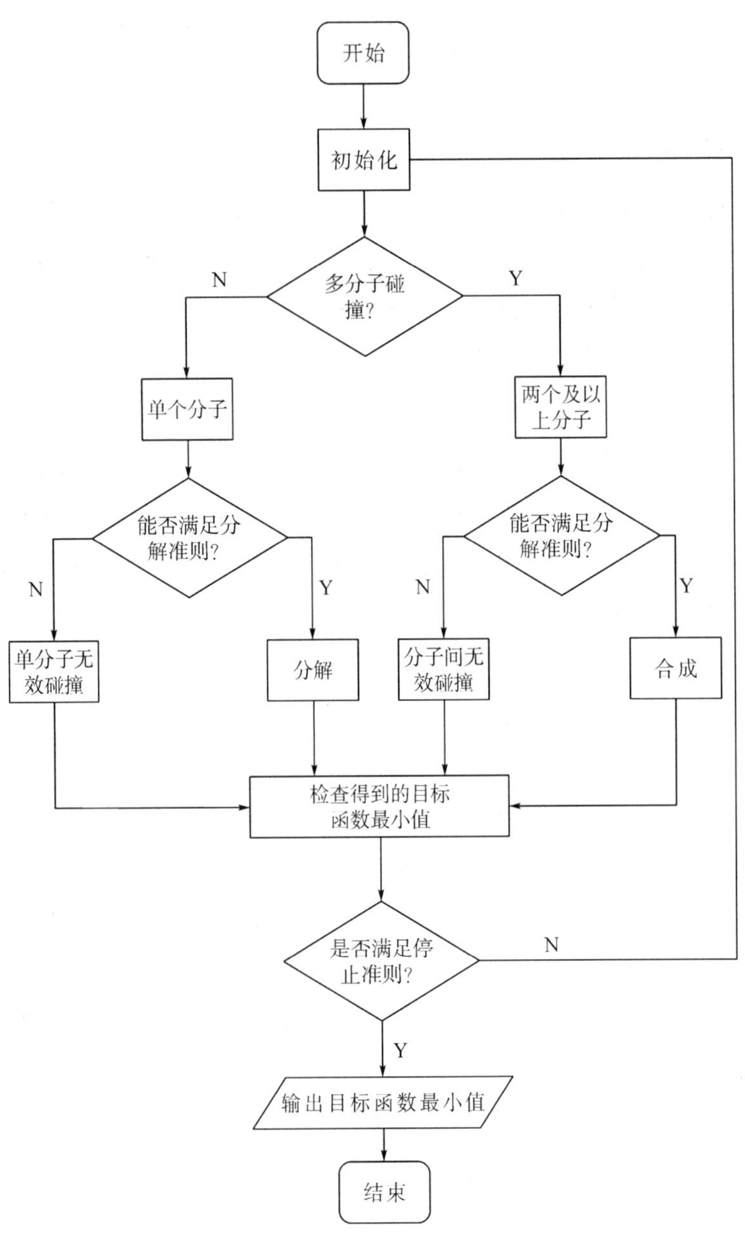

图 2-7　化学反应算法的流程图

3 模糊加工时间弹性维护活动的单机调度问题

单机调度问题是最简单，也是最重要的一类调度问题。这类问题容易找出解决方法，可以为研究比较复杂的问题提供参考，例如提供近似算法或者启发式算法等。单机问题是其他问题的基础，很多存在瓶颈机器的生产车间都可以归结为单机问题。机器设备是企业正常生产经营的物质保障，生产过程中机器的不合理维护可能使其发生故障或失效，增加企业的维护成本，影响企业的生产效率，造成产品质量低下，使企业遭受损失。因此，通过合理的维护以降低机器失效和机器故障的发生率，已成为制造企业降低运作成本、提高生产效率和市场竞争力的有效手段之一。现在有不少的学者已经开始研究机器运行过程中的维护活动，但是，他们中的绝大多数是将生产计划与维护计划作为两个独立的部分分开研究，然而这两部分是密切相关的[①②③]。维护活动会占据一部分加工时间，频繁的维护更会对工件加工造成巨大的影响。但是，如果忽略对机器的维护，机器将会面临损坏等风险，可能造成更大的损失。因此，在生产过程中维护计划和生产计划必须综合考量。目前学者们主要运用可预知的确定的相关参数值来做针对性研究，然而随着商品市场

① Shapiro J F. Mathematical programming models and methods for production planning and scheduling [J]. Handbooks in Operations Research and Management Science, 1993, 4: 371-443.

② Sherif Y, Smith M. Optimal maintenance models for systems subject to failure-a review [J]. Naval Research Logistics Quarterly, 1981, 28 (1): 47-74.

③ Dekker R. Applications of maintenance optimization models: a review and analysis [J]. Reliability Engineering & System Safety, 1996, 51 (3): 229-240.

需求的日益多样化，企业的生产环境将会面临无数的不确定性因素，无法提前准确预知工件的加工信息，与之相关的其他时间参数也是不确定的。对于考虑维护时间的目标函数为最小时间表长的单台机器调度问题，Lee 和 Liman 已经证明此问题是 NP 难的，基于 SPT 规则下得到的工件序列所对应的最坏情形相对误差界为 2/7①。

3.1 问题简介

在加工时间模糊并且具有弹性维护时间的单台机器调度问题中，假设生产计划中有 n 个工件，记为 $J=\{J_1, J_2, \cdots, J_n\}$。车间内只有一台机器能够运行。对于调度部门而言，一方面，决策者要求所有工件完工时间和最小，从而提高企业的生产效率；另一方面，考虑到机器公司的维护计划，决策者要求总的维护费用最小，从而降低生产的总成本。所有工件在零时刻被释放，但是工件的加工时间无法给出确切的值，用模糊数表示。机器随着加工时间的增加会产生一定的磨损、毁坏等，从而造成机器的可靠度下降。机器的故障如何确定，与机器的可靠度关系密切。下面首先介绍机器的可靠度。

可靠度指的是在规定的条件与时间内，指定元件或者系统完成规定功能的概率。在本书中，“规定的条件”主要指的是机器环境条件、维护条件以及使用条件；“规定的时间”主要指的是机器的工作期间，一般用时间来表示；“规定的功能”主要指的是机器的加工能力。在此节中，机器的可靠度函数是关于机器实际运行时间的函数。令随机变量 ξ 表示机器的故障时间，则事件 $\xi>t$ 的概率表示机器在时刻 t 的可靠度。令 $R(t)$ 为可靠度函数，P 表示概率，则有

---

① Lee C Y, Liman S D. Single machine flow-time scheduling with scheduled maintenance [J]. Acta Informatica, 1992, 29 (4): 375-382.

$R(t)=P(\xi>t),\ 0\leqslant t<\infty$

对于机器而言，发生故障的概率定义为机器故障的累积分布函数。事件 $\xi\leqslant t$ 表示机器的故障时间小于 t，则 $P(\xi\leqslant t)$ 为机器故障的累积分布函数。若 $F(t)$ 表示机器故障的累积分布函数，则

$$F(t)=P(\xi\leqslant t)=1-R(t),\quad 0\leqslant t<\infty$$

如果对时间 t 求导数，则可以得到机器故障时间的概率密度函数 $f(t)$，即

$$f(t)=\frac{\mathrm{d}F(t)}{\mathrm{d}t}=-\frac{\mathrm{d}R(t)}{\mathrm{d}t}$$

如果机器运行到某个时刻却并未发生故障，则将该时刻之后的单位时间内发生故障的概率称之为机器的故障率。假设在时刻 t 机器能够正常运行，按照微分概念，机器在时刻 t 的故障率可以定义为时间间隔 $(t,\ t+dt)$ 内单位时间机器发生故障的概率，即

$$\lambda(t)=\frac{P\{t<\xi\leq t+\mathrm{d}t\mid \xi>t\}}{\mathrm{d}t}=\frac{f(t)}{Rt}$$

已有研究证实机器的故障发生率随时间的变化而变化，被称为“浴缸”曲线，如图 3-1 所示。此种情况下，故障率曲线由递减、恒定和上升三种基本形式组合。

（1）早期故障阶段（递减）。在此阶段，机器发生故障的概率较高，但是故障率会随着时间的增加而快速地下降。造成故障的原因主要是工艺或者设计上的缺陷。

（2）随机故障阶段（恒定）。在此阶段，机器发生故障的概率较低并且比较稳定。造成故障的原因主要是某些偶然因素。此阶段是机器的最佳工作时段。

（3）晚期故障阶段（上升）。在此阶段，机器发生故障的概率非常高，并且随着时间的增加而迅速上升。造成故障的原因主要是老化、疲劳耗损。

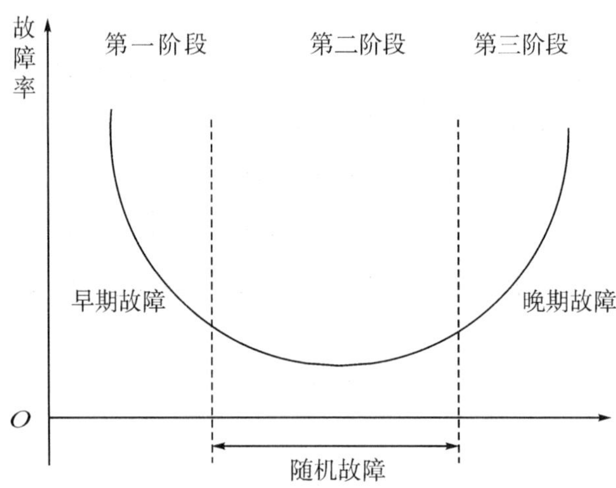

图 3-1 故障发生率的“浴缸”曲线

针对上述“浴缸”曲线各个故障阶段的不同特点，学者们提出多种故障率分布函数，例如，正态分布、指数分布、威布尔分布等。其中最为典型的是威布尔分布（Weibull）。威布尔分布的机器故障率函数的表达式为：

$$\lambda(t) = \frac{\beta}{\eta}\left(\frac{t - t_0}{\eta}\right)^{\beta-1}, t_0 \leq t < \infty$$

其中：β 表示形状参数，η 表示尺寸参数，t_0 表示位置参数。

在机器调度问题中，一般采用 Weibull 分布来描述电子与机械产品的故障规律。许多关于维护计划的机器调度问题也引入了 Weibull 分布。Chen 和 Feldman 研究维护计划中更换规则时就采用的是 Weibull 分布。Murdock 等用二参数 Weibull 分布来衡量机器磨损模式①。Kumar，Crocker 和 Knezevic 在考虑航天飞行器的维护时也采用的是 Weibull

① Reineke D M, Murdock Jr W, Pohl E, et al. Improving availability and cost performance for complex systems with preventive maintenance [J]. Reliability and Maintainability Symposium, 1999, 383-388.

分布[①]。

3.2 模型构建

本节提出加工时间模糊并且维护时间可调的单机排序的假设与符号、目标方程、约束条件以及总体模型。由于模型中带有模糊变量，不便于计算，本节在建模的同时对模糊变量进行了处理。

为了建立模糊加工时间带有弹性维护时间的单台机器调度问题模型，我们提出了如下假设条件：

（1）所有工件在零时刻都已经做好加工准备；

（2）在工件的加工过程中，不允许被其他工件打断，并且每个工件必须一次性在一台机器上加工完成；

（3）每隔一段时间，机器就需要进行基础维护工作，并且这个过程是周期性的；

（4）工件的加工过程不可以被基础维护工作打断；

（5）同一时刻，一个工件最多在一台机器上加工；

（6）同一时刻，一台机器最多加工一个工件；

（7）每台机器在 0 时刻都刚好完成一次维护；

（8）机器需要停机进行维护活动；

（9）机器开机时间可以忽略不计，并且机器在维护前后不改变机器加工工件的速率。

为了方便模型的建立，首先给出模型中所需要的记号如下：

n：需要进行加工的工件总数。

---

① Kumar U D, Crocker J, Knezevic J. Evolutionary maintenance for aircraft engines [J]. Reliability and Maintainability Symposium, 1999, 62-68.

$\tilde{p}_i$：工件 J_i 的模糊加工时间。

$J_{[i]}$：工件加工序列中的第 i 个加工的工件。

$\tilde{p}_{\max}$：工件的最大模糊加工时间。

$\tilde{p}_{[i]}$：$J_{[i]}$ 的模糊加工时间。

$\tilde{C}_{[i]}$：$J_{[i]}$ 的期望模糊完工时间。

c_p：进行一次维护的平均费用。

c_r：处理一次故障的平均费用。

$r_{[i]}$：$J_{[i]}$ 的加工过程中机器的期望故障次数。

t_r：机器进行小修需要的平均时间。

t_p：机器进行维护需要的平均时间。

β：Weibull 分布的形状参数。

η：Weibull 分布的尺寸参数。

$\lambda(t)$：机器的故障率函数。

ρ：机器的维护活动间隔。

$\rho *$：ρ 的最优值。

$g(\rho)$：机器运行 ρ 时间的期望故障次数。

m：机器总的维护次数。

V：机器的维护计划。

首先确定决策者的目标函数。要使得所有工件的完工时间和最小，则必须先确定每个工件的完工时间。引入 n 阶方阵 $X=(x_{ij})$ 来表示 $J=\{J_1, J_2, \cdots, J_n\}$ 的加工顺序。令 0-1 函数 x_{ij} 表示工件的加工顺序，即

$$x_{ij}=\begin{cases}1, & \text{当工件 } j \text{ 是第 } i \text{ 个加工的}\\0, & \text{当工件 } j \text{ 不是第 } i \text{ 个加工的}\end{cases}$$

其中 $i=1, 2, \cdots, n$，$j=1, 2, \cdots, n$。忽略机器维修和故障的情况下，工件序列中 $J_{[i]}$ 的加工时间和完工时间可以由下面这些式子

求出。

$$\tilde{p_{[i]}} = \sum_{j=1}^{n} \tilde{p}_j x_{ij} \tag{3.1}$$

$$\tilde{C_{[i]}} = \sum_{k=1}^{i} \tilde{p_{[k]}} \tag{3.2}$$

如果不考虑机器的维护，则将工件按照SPT序排列，即可得到最优解。由于机器存在磨损等，因此必然需要考虑维护工作。由前可知，弹性维护策略是现代企业最为常用的维护策略之一。假设机器的故障率服从 weibull 分布，尺寸参数为 η ，形状参数为 β（$\beta>1$）。但机器不能使用时，将采取小修使机器恢复到正常状态而不改变它的有效机器寿命。由于 $\beta>1$，机器的故障率会随着时间的增加而增大，因此采用基础维护来降低机器的故障风险，从而使机器恢复“新好”的状态。一方面，基础维护能够使得机器恢复到“新好”的状态，因此可以视机器经过一个更新过程，恢复点与基础维护的完成时间相关。另一方面，在每一个更新过程中，机器发生故障而需要小修的概率服从不均匀分布的泊松分布，设机器密度函数为 $f(t)$ ，因此机器的可靠度 $R(t)$ 和故障率 $\lambda(t)$ 分别为

$$R(t) = e^{[-\frac{t}{\eta}]\beta} \tag{3.3}$$

$$\lambda(t) = \frac{\beta}{\eta}\left(\frac{t}{\eta}\right)^{\beta-1} \tag{3.4}$$

因此，从“新好”的状态开始，机器运行ϱ单位时间内所发生的故障期望次数为

$$g(\rho) = \int_0^{e} \lambda(t)\,\mathrm{d}t = \int_0^{e} \frac{\beta}{\eta}\left(\frac{t}{\eta}\right)^{\beta-1} \mathrm{d}t = \left(\frac{\rho}{\eta}\right)^{\beta} \tag{3.5}$$

在ϱ单位时间内，小修一次的平均时间为 t_r ，由于小修了 $g(\rho)$ 次，因此总的维修时间为 $t_r g(\rho)$ 。此期间发生一次基础维护，基础维护一次的平均时间为 t_p ，因此机器的可用度可以表示为：

$$A(\tau)=\frac{\rho}{\rho+g(\rho)t_r+t_p} \tag{3.6}$$

通过求导和代数分析，使机器可用度最大化的最优基础维护间隔 ϱ^* 可由下式得到。

$$\varrho^*=\eta\left[\frac{t_p}{t_r(\beta-1)}\right]^{1/\beta} \tag{3.7}$$

在本章中，有两个问题需要同时考虑，一个是对 n 个工件进行排序。由组合理论，工件的排列方式共有 $n!$ 种可能。另一个是对基础维护的决策。由于工件的加工不能被打断，因此只能在工件开始加工前进行基础维护，故基础维护的决策方式有 2^n 种。因此，同时考虑生产计划与维护计划的决策有（$n!$）2^n种。

由于机器的故障是随机发生的，因此每个工件的完工时间也是随机的。令 a'_{i-1} 表示第 i 个工件加工前机器的寿命时间，$a_{[i]}$ 表示第 i 个工件加工后机器的寿命时间，令 0-1 函数 $y_{[j]}$ 表示工件与维护活动的关系，即

$$y_{[i]}=\begin{cases}1, & \text{第 } i \text{ 个工件加工前执行基础维护}\\ 0, & \text{其他}\end{cases} \tag{3.7}$$

因此

$$a'_{[i-1]}=a_{[i-1]}(1-y_{[i]}) \tag{3.8}$$

$$a_{[i]}=a'_{[i-1]}+\tilde{p}_{[i]} \tag{3.9}$$

由于工件的加工时间为不确定变量（三角模糊数），为了将模糊变量转化为清晰值，这里采用期望值的方法①。由前可假设三角模糊变量为 $\tilde{a}_{[i]}=(a_1, a_2, a_3)$，则它的期望值可用数学表达式表示为

① Xu J, Zhou X. Fuzzy-like multiple objective decision making [M]. Berlin: Springer, 2011.

$$E^{Me}[\tilde{a}_{[i]}]=\begin{cases}\dfrac{\lambda}{2}a_1+\dfrac{a_2}{2}+\dfrac{1-\lambda}{2}a_3，\text{若 } a_3\le 0\\ \dfrac{\lambda}{2}(a_1+a_2)+\dfrac{\lambda a_3^2-(1-\lambda)a_2^2}{2(a_3-a_2)}，\text{若 } a_2\le 0\le a_3\\ \dfrac{\lambda}{2}(a_2+a_3)+\dfrac{(1-\lambda)a_2^2-\lambda a_1^2}{2(a_2-a_1)}，\text{若 } a_1\le 0\le a_2\\ \dfrac{(1-\lambda)a_1+a_2+a_3}{2}，\text{若 } 0\le a_1\end{cases}$$

其中 λ 表示为决策者态度的乐观-悲观指数。由于在机器调度问题中，模糊变量的范围均为负，因此，有 $a_1\geqslant 0$，所以在实际应用中，三角模糊变量带模糊测度 Me 的期望值为

$$E^{Me}[\tilde{a}_{[i]}]=\frac{(1-\lambda)a_1+a_2+a_3}{2} \tag{3.10}$$

令 $r_{[i]}$ 表示第 i 个工件加工过程中机器的发生故障次数的期望值，因此

$$r_{[i]}=g(E^{Me}(\tilde{a}_{[i]})-g(E^{Me}(a'_{[i]}) \tag{3.11}$$

第 i 个工件的期望完工时间为：

$$C_{[i]}^{\sim}=\sum_{h=1}^{i}[p_{[h]}^{\sim}+t_p y_{[h]}+t_r r_{[h]}] \tag{3.12}$$

所有工件的期望完工时间和为

$$TC=\sum_{i=1}^{n}C_{[i]}^{\sim} \tag{3.13}$$

机器的维修费用包括预基础维护费用以及小修成本，则在整个加工过程中所需维修费用为：

$$MCost=\sum_{i=1}^{n}(c_p y_{[i]}+c_r r_{[i]}) \tag{3.14}$$

综合目标函数以及约束条件，建立如下加工时间模糊的考虑维护时间的单台机器调度问题模型。

$$
\begin{cases}
\min \sum_{i=1}^{n} \tilde{C}_{[i]} \\
\min \sum_{i=1}^{n} (c_p y_{[i]} + c_r r_{[i]}) \\
\text{s. t.} \begin{cases}
x_{ij} \in \{0,\ 1\},\ i = 1,\ 2, \dots,\ n;\ j = 1,\ 2, \dots,\ n \\
\sum_{j=1}^{n} x_{ij} = 1,\ i = 1,\ 2, \dots,\ n \\
\sum_{i=1}^{n} x_{ij} = 1,\ j = 1,\ 2, \dots,\ n
\end{cases}
\end{cases}
\tag{3.15}
$$

最小化完工时间和与最小化总维护费用孰轻孰重主要取决于决策者。对于单目标优化问题，最优解只有一个，但是多目标优化的最优解往往不止一个，很大程度上取决于决策者的爱好。因此，此模型是典型的多目标优化问题。多目标优化问题中存在着多个相互冲突的子目标，在一个目标上取得改进，将会引起另一个或多个目标的降低，同时使所有目标都达到最优是不可能的，多目标规划的目的是研究如何在多个目标中进行协调和折中，使得总体上都尽可能达到最优化。多目标优化问题的数学形式可以描述为：

$$\min f(\vec{X}) = [f_1(\vec{X}),\ f_2(\vec{X}), \dots,\ f_p(\vec{X})]^T$$

$$\text{s. t. } h_i(\vec{X}) \leq 0,\ j = 1,\ 2, \dots,\ m$$

其中 $\vec{X} = (x_1,\ x_2, \dots,\ x_n)^T$ 是决策变量，$\vec{X} \in \Theta \in R^n$，$f_i$ 是第 i 个目标函数，h_i 表示第 i 个约束条件。

在多目标规划理论中最重要的一个基本概念是 Pareto 解集。经济学家 Vilfredo Pareto 首次提出了 Pareto 解集的概念，即一个解可能在多目标规划中某个目标上是最好的，但在其他目标上是最差的，Pareto 最优解集内部的元素是彼此不可比较的。

【定义 3.1】令解 $\vec{X}^0 \in \Theta$，

(1) $\vec{X}^0$ 占优（dominate）$\vec{X}^1$（$\vec{X}^0 < \vec{X}^1$），$i=1, 2, \cdots, p$ 当且仅当 $f_i(\vec{X}^0) < f_i(\vec{X}^1)$，$\exists\ i \in \{1, 2, \cdots, p\}$

(2) $\vec{X}^0$ 是一个 Pareto 最优解（非劣解或者非支配解）当且仅当 $\neg\ \exists\ \vec{X}^1$：

$\vec{X}^1 < \vec{X}^0$。

(3) Pareto 最优集 P_S 是指该集合中的所有解都是 Pareto 最优解。

$$P_S = \{\vec{X}^0 \in \Theta \mid \neg\ \exists\ \vec{X}^1 :\ \vec{X}^1 > \vec{X}^0\}$$

(4) Pareto 前沿 P_F 指的是 Pareto 最优集在目标函数空间里的像

$$P_F = \{f(\vec{X}) = (f_1(\vec{X}),\ f_2(\vec{X}), \dots\ f_m(\vec{X})) \mid \vec{X} \in P_S\}$$

对于 Pareto 解集的评价是理论研究以及实际应用中关注的重要问题。一般来说，理想的 Pareto 解集应满足三个条件：①求得的 Pareto 解集应尽可能趋近于理论 Pareto 解集；②Pareto 解集的分布尽可能均匀；③Pareto 解集应有尽可能好的扩展性。为评价 Pareto 解集在这三个方面的表现，Zitzler 等提出了平均距离指标①。

【定义 3.2】平均距离指标

$$DR_1 := \frac{1}{|N|} \sum_{a' \in X'} \min\{\ \| a' - \bar{a} \|\ ;\ \bar{a} \in P_S\}$$

其中，X_0 为求得的 Pareto 解集，N 为求得的 Pareto 解集中的非劣解的个数，P_S 为理论 Pareto 解集。DR_1 越小说明求得的 Pareto 解集应更趋近于理论 Pareto 解集。

Veldhuizen 等根据优化和决策的顺序将多目标优化方法总结为三类：先验优先权、交互式以及后验优先权方法。先验优先权方法为事先给定各个目标的优先权重，将多目标转化为单目标。交互式方法中，优先权的设置是与非劣解的搜索过程交替进行的。交互式方法是先验优先

① Zitzler E, Deb K, Thiele L. Comparison of multiobjective evolutionary algorithms: Empirical results [J]. Evolutionary Computation, 2000, 8 (2): 173-195.

权方法与后验优先权方法的结合。后验优先权方法是先找出所有的非劣解，再根据决策者的偏好选取其决策。

多目标优化问题的处理方法有聚合法和 Pareto 集方法。

（1）聚合法。

简单来说，聚合法就是把多个目标转化为传统的单目标规划再进行求解，包括字典序法、目标向量法、分层序列法和 ε 约束法等①。由于这种方法非常简捷方便，在实践研究中得到了最广泛的应用。

（2）Pareto 集方法。

Pareto 集方法本质上是基于 Pareto 解集概念，基本思想是在进化算法中将多目标值映射到一种基于秩的适应度函数中。Pareto 集方法与前两种方法相比更加贴近多目标的本质。很多算法都可以嵌入 Pareto 集方法处理多目标转化为多目标算法，例如多目标遗传算法、多目标粒子群算法等。本书将用到多目标遗传算法求解本章的问题。

3.3 MOHGA 算法

本章采用一种新的多目标混合遗传算法（Multi-Objective Hybrid Genetic Algorithm，MOHGA）来求解模糊加工时间的维护时间可调的单机排序模型，以下针对模型的具体特点，设计合理的编码、交叉、变异操作。

3.3.1 编码方式

在应用遗传算法解决生产调度问题时，问题的参数没有直接参与到遗传运算中，而是借助于问题的实际描述与染色体表示之间的关系，也就是编码与解码。如何将问题的解用染色体来表达是遗传算法的关键，

① 安伟刚. 多目标优化方法研究及其工程应用［D］. 西安：西北工业大学，2005.

许多针对遗传算法的研究都是围绕解的表达结构来进行的。Holland 提出用二进制字符串（binary string）来表达解的结构，二进制符号 0 和 1 构成编码的符号集。这种方法的编码和解码都非常容易操作，而且易于实现遗传操作。但是这种方法对反映实际问题不太适用，因此可以结合具体问题具体分析，采用二进制与非二进制编码相结合的形式进行编码。这里采用二进制编码与基于序列编码相结合。

联合优化生产计划与维护计划问题的每个染色体都由一个字符串来表示，这一串字符包含两部分，基础维护活动部分以及工件序列部分。针对基础维护活动，采取二进制编码，即用 0 和 1 表示，1 表示第 i 个工件前有基础维护活动，0 表示第 i 个工件前没有基础维护活动。需要加工的工件共有 n 个，由于基础维护活动只能被安排在某些工件加工之前，因此工件序列以及维护序列的长度均为 n ，即代表维护计划的染色体有 n 个基因，代表工件序列的是另外 n 个基因。

工件的加工顺序的染色体编码采用 Sortrakul 等提出的方法①，这种编码方法既直观又简单。如，对于 3 个工件的联合优化问题，染色体 {1 0 1 3 2 1} 用来表示可行解，其中第一个加工的工件是 J_3，紧接着是 J_2 和 J_1。前三个基因中，0 表示第 i 个工件前没有安排基础维护，1 表示第 i 个工件前有安排基础维护，如图 3-2 所示。因此，工件 J_3 和工件 J_1 前有基础维护。遗传算法的初始群通过随机方式产生，大小设为 popsize。

① Sortrakul N, Nachtmann H L, Cassady C R. Genetic algorithms for inte grated preventive maintenance planning and production scheduling for a single machine [J]. Computers in Industry, 2005, 56 (2): 161-168.

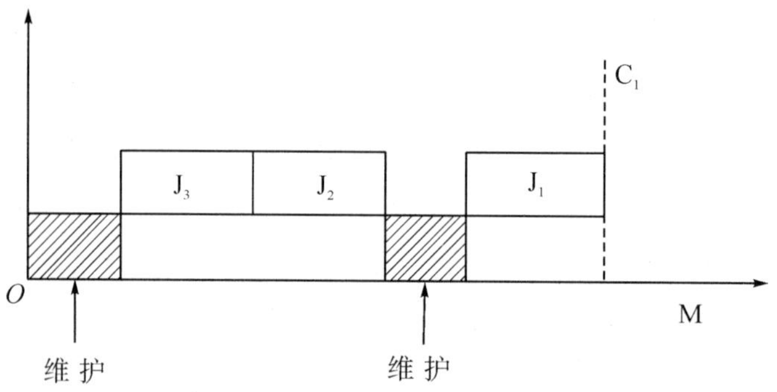

图 3-2 遗传算法的编码方式

3.3.2 精英策略

精英选择（elist selection）指的是如果当前的种群中含有适应值比下一代种群中的最优个体适应值更优的个体，就把当前种群中最优的个体或者适应值大于下一代最优个体的多个个体复制到下一代，随机或直接代替下一代种群中相应数量的最差个体。这种方式可保证种群可以收敛到最优解。

Step 1：分配 Pareto 排序以及聚集距离。

Step 1.1：将种群 $P(t)$（popsize）与存档 $A(t)$（popsize）合二为一产生 2×popsize 个个体。

Step 1.2：给每一个个体分配一个 Pareto 序。

Step 1.3：计算每个个体之间的聚集距离。

Step 2：产生新的存档 $A(t+1)$。

Step 2.1：将个体插入存档 $A(t+1)$ 中。序列 1 中的个体最先插入，紧接着是序列 2 中的个体……。如果序列 r 中的个体不能全部被嵌入到 $A(t+1)$ 中，则将个体按照聚集距离非增的顺序依次嵌入 $A(t+1)$ 中直至嵌入 popsize 个个体。

Step 3：产生新的种群 $A(t+1)$。

Step 3.1：采用二进制联赛选择算法从 $A(t+1)$ 中形成一个交配池。如果 $A(t+1)$ 中的两个个体有不同的等级，则等级低的个体将在联赛中获胜。如果二者等级相同，则拥有较大聚集距离的个体获胜。

Step 3.2：通过交配池中的个体交叉变异产生新的种群 $A(t+1)$。交叉方式采用单点交叉，变异方式为多项式变异。

3.3.3 交叉与变异

在遗传算法的研究中，针对序数编码的染色体，有多种交叉和变异方式。在模糊加工时间的维护时间可调的调度问题中，选择单点交叉方式和单点变异方式。单点交叉方式中，随机产生的交叉点后的字符串直接用另外一个父代个体相同位置后面的字符串替代。这里交叉点的范围为 $[1, 2n-1]$，变异点的位置范围为 $[1, 2n]$。

如果交叉位置落在 $[1, n]$ 时，即交叉点落在基础维护序列中，此时对基础维护染色体进行单点交叉，两个父代位于交叉点后基因进行交换。

如果交叉位置落在 $[n+1, 2n]$ 时，即交叉点落在工件序列中，因此两个父代的基础维护染色体保持不变。对于非二进制字符编码的工件序列，采取 $C1$ 交叉操作①②。任意选择一个交叉点 X，第一个父代个体的前 X 基因部分保持不变，X 后的基因按照第二个父代个体染色体中相应基因顺序排列，得到第一个子代。第二个父代个体的前 X 基因部分保持不变，X 后的基因按照第一个父代个体染色体中相应基因顺序排列，得到第二个子代。采用 $C1$ 交叉产生的子代仍然是可行解。

假设有两个父代个体，父代个体 1 为 {0 1 1 0 2 3 4 1}，父代个体 2 为 {0 1 0 1 4 1 2 3}。如果交叉点为 2，则得到子代个体 1 为 {0 1 0 1 4 1 3 2}，子代个体 2 为 {0 1 1 0 2 3 4 1}，如图 3-3 所示。如果交叉点为 5，则得到子代个体 1 为 {0 1 1 0 2 4 1 3}，得到子代个体 2 为 {0 1

① Sortrakul N, Nachtmann H L, Cassady C R. Genetic algorithms for inte grated preventive maintenance planning and production scheduling for a single machine [J]. Computers in Industry, 2005, 56 (2): 161-168.

② Reeves C R. A genetic algorithm for flowshop sequencing [J]. Computers & Operations Research, 1995, 22 (1): 5-13.

0 1 4 2 3 1}，如图 3-4 所示。

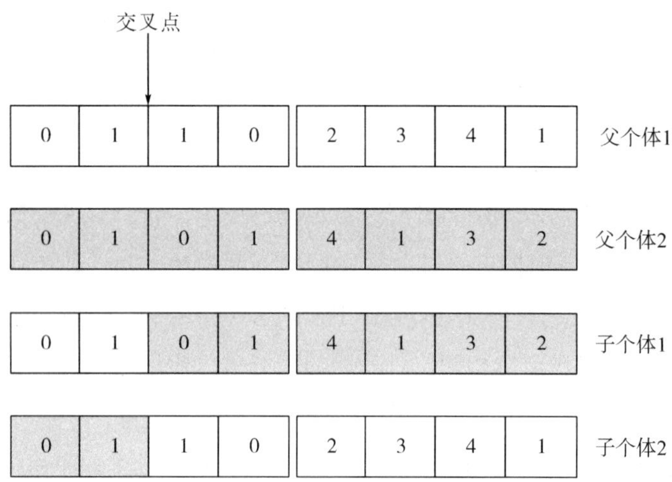

图 3-3　维修染色体的单点交叉

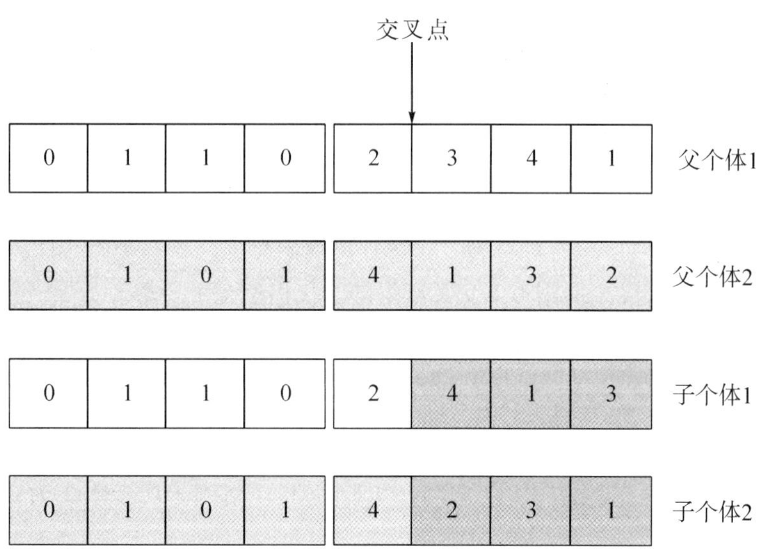

图 3-4　生产工件序列染色体的 $C1$ 交叉

如果变异位置落在［1，n］时，即交叉点的位置处于基础维护序列中，则对基础维护染色体采取单点交叉操作，改变变异点处基因值，即对变异点处的值进行 0 与 1 之间的变换。

如果变异位置落在 [n, $2n$] 时，即交叉点的位置处于工件序列中，则保持基础维护染色体不变，对生产工件序列染色体采用 Sortrakul 等提出的移码变异法进行变异①，此时变异位置的基因将被移至工件序列基因的最后一位。

假设对父代个体 1 {0 1 1 0 2 3 4 1} 进行变异。如果变异点为 2，则子代个体为 {0 0 1 0 2 3 4 1}，如图 3-5 所示；如果变异位置为 5，即变异点位于工件序列染色体部分，得到变异后的子代为 {0 0 1 1 2 3 4 1}，如图 3-6 所示。

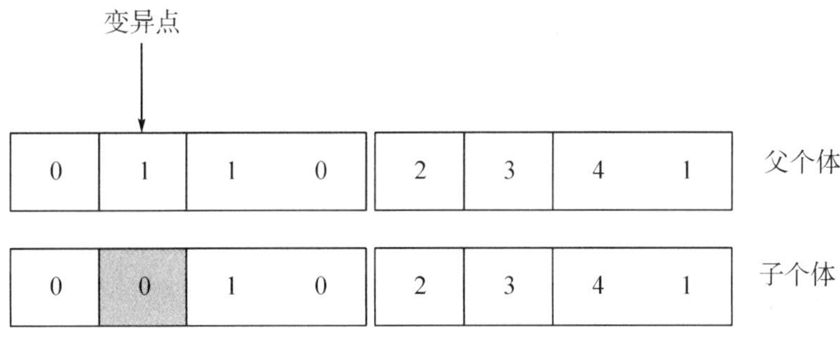

图 3-5 维修染色体的变异

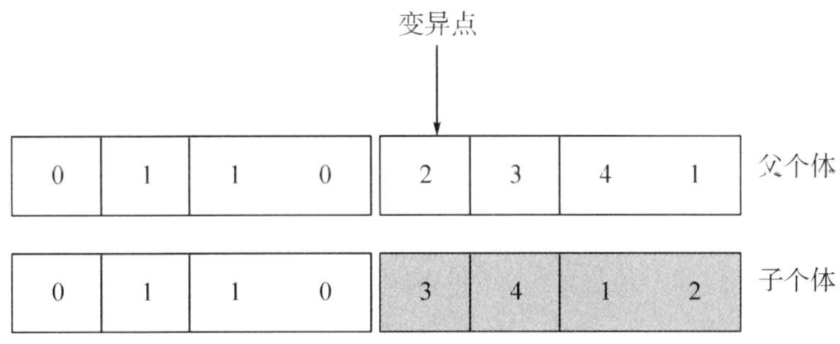

图 3-6 生产工件序列染色体的变异

① Sortrakul N, Nachtmann H L, Cassady C R. Genetic algorithms for inte grated preventive maintenance planning and production scheduling for a single machine [J]. Computers in Industry, 2005, 56 (2): 161-168.

3.3.4 选择操作

选择过程主要体现的是自然界中适者生存、优胜劣汰的竞争思想，是遗传算法的驱动力。如果此驱动力过大，则会导致遗传算法过早终止搜索过程；如果驱动力过小，则会导致遗传算法的进化时间过长，因此适当的驱动力是遗传算法的研究热点。本节采用轮盘赌选择法来选择具有竞争力的个体进入父代个体。轮盘赌选择法需要根据各个染色体的适应值的比例来确定这个个体被选择的概率，一般用轮盘赌模型来代表这些概率。选择过程中需要旋转轮盘 popsize 次。

在遗传算法中要进行选择操作必须计算出种群中个体的适应度。通常遗传算法的适应值为模型的目标函数，而本章提出的模糊加工时间的维护时间可调的单机调度模型中有两个目标：总完工时间目标（TC）和费用目标（MC），为简单处理模型中的多目标，本书采用聚合法将两个目标整合为一个目标，并将整合的目标值作为遗传算法的适应值。由于模型的两个目标量纲不同，将目标值除以各个目标预测的最大值来统一量纲，即：

$$TC' = \frac{TC}{TC^{\max}},\ MC' = \frac{MC}{MC^{\max}}$$

其中，$TC^{\max}$，$MC^{\max}$分别是总完工时间目标（TC）和费用目标（MC）预测的最大值。考虑决策者的偏好，模糊加工时间的单台机器调度的目标可以表示如下：

$$\min(w_1 TC' + w_2 MC')$$

其中 w_1 和 w_2 为决策者根据自己的偏好给定的两个目标的权重，显然有 $w_1 + w_2 = 1$。$\text{eval} = w_1 TC' + w_2 MC'$ 作为遗传算法的适应值。

3.3.5 总体流程

模糊加工时间的维护时间可调的单机调度问题的总体算法流程如图 3-7 所示。

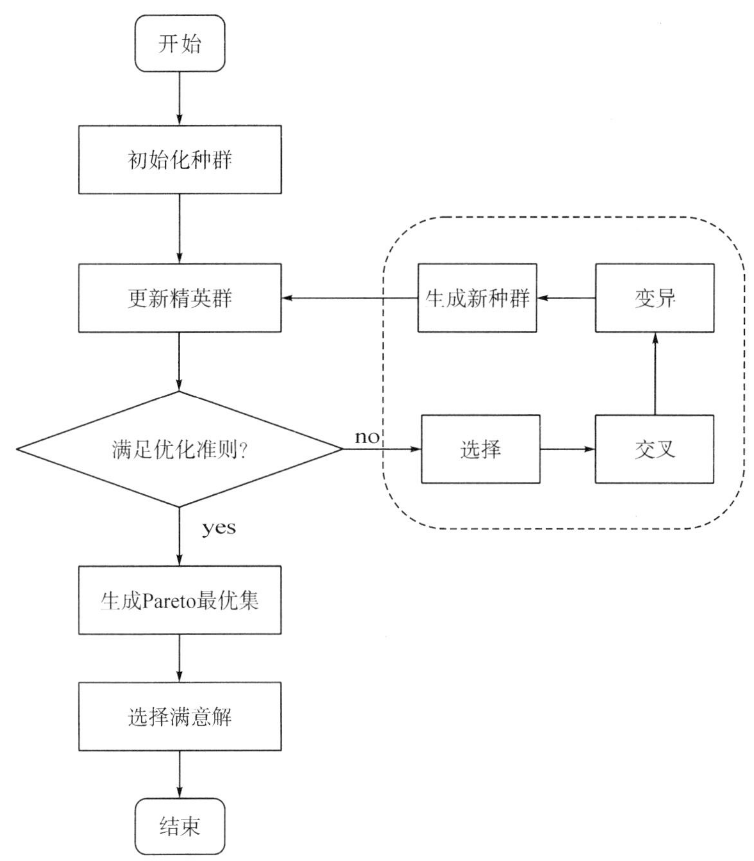

图 3-7 MOHGA 算法流程

Step 1：初始化。设置算法的参数，包括种群的大小 *popsize* 、交叉概率 p_c 、变异概率 p_m 、最大精英数 N_{elite} 以及最大遗传代数 $\tau_{\max}$ 。随机生成 *popsize* 个服从均匀分布的个体作为初始种群，并且评价它们的适应值。令 $\tau=0$。

Step 2：寻找种群的非劣个体解集，设为 ε_τ ，其中（ $\tau=1, 2, \cdots, \tau_{\max}$ ）。在执行遗传算法时，从 ε_τ 中挑出 ε_i（i=1, 2, … , $\tau-1$）个不同的非劣个体，由此建立的新的非劣个体解集记为 ε_τ ，并将其保存在精英集中。从中随机选取 N_{elite} 组个体作为父代个体。剩余（ $N_{pop}-N_{elite}$ ）

组父代个体从种群中选出。将种群中每个个体的适应度函数值计算出来后，采用轮盘赌方法来筛选（$N_{pop}-N_{elite}$）组父代个体。

Step 3：对 N_{pop} 组父代个体执行随机配对。根据交叉概率 p_c 以及单点交叉法，产生出一组新个体。

Step 4：对于新产生的子代个体，根据变异概率 p_m 对其采取单点变异方法执行变异操作。

Step 5：评价和分类每组新个体。如果存在非劣个体，则将其作为新的子代个体，否则采取随机方法，随机地选择一个个体作为新个体。然后将这 N_{pop} 个新个体组成一个新的种群。

Step 6：把精英解集中所有非劣的子代个体作为最优集。

Step 7：决策者根据（公司）自己的偏好从上述最优集中选出一个最满意的解。

3.4 算例分析

X 重型汽车有限责任公司是一个省级的大规模的综合汽车制造公司，主要由三方出资组建。该公司有汽车总装、分动箱加工、车桥加工、艾森曼喷漆以及联动大型驾驶室覆盖件和车架成型冲压等多条生产线。总资产超过 12 亿元，专业员工超过 500 人。由于规模巨大，公司的订单繁多，机器的运行时间长，需要对其进行维护。生产过程中，随着使用时间的持续增加，机器将会产生磨损、腐蚀等，如果不及时维护、更换，就会使得机器快速衰退，以至于停机无法生产，导致企业需要付出额外的高昂停机成本，从而增加制造总成本，甚至可能因为停机而需要重新调整生产作业计划与派工，这样进一步造成出货时间及交货时间延迟，使得顾客的满意度降低，影响企业未来发展。本章对其某一台机器的生产计划与维护计划进行研究。

3.4.1　算例描述

一般而言，Weibull 分布的参数是可以通过分析历史维护数据得到的。假设机器会遭受损坏，并且这台机器的损害时间服从 Weibull 分布。为了使机器的损坏风险减小，Weibull 分布的形状参数应该要大于 1。这一章中，假设 Weibull 分布的形状参数 $\eta=100$，尺度参数 $\beta=2$。在实际生产过程中，维护工人要事先给出相关的维护参数。机器的基础维修时间为 $t_r=15$ 分钟，费用为 $c_p=1\ 500$ 元，更换时间为 $t_p=5$ 分钟，费用为 $c_r=500$ 元。机器的初始有效寿命为 $a_{[0]}=55$。在此案例中，决策者对于完工时间和以及维护成本这两个目标的权重分别为 $w_1=0.6$，$w_2=0.4$。某车间内部分工件的加工时间如表 3-1 所示。

由前面的分析可知机器的故障分布服从 Weibull 分布。由前可知，根据公式（3.7），最优的维护活动间隔为 $\rho*=58$。种群的规模 popsize $=30$，50，个体交叉的概率为 $p_c=0.9$，0.8，个体变异的概率为 $p_m=0.3$，0.1，精英个体数 $N_{elite}=2$，3。计算终止条件均设定为评价 100 000 个解。经仿真实验分析采用如下参数：种群的规模 popsize $=50$，个体交叉的概率为 $p_c=0.8$，个体变异的概率为 $p_m=0.3$，精英个体数 $N_{elite}=3$。计算终止条件均设定为评价 100 000 个解（最大适应值评价次数）。每种算法在相同的初始条件下独立运行 10 次，合并各次非劣解集并剔除其中的劣解后，获得各问题的最终非劣解集，作为参考集。采用遗传算法计算后，结果如表 3-2 所示。若工件的加工顺序相同，不同的维护序列下的工件完工时间和不尽相同。如维护执行序列相同，不同的工件加工顺序下的工件完工时间和也不尽相同。若决策者主要考虑维护费用，则在相同的工件加工顺序不同的维护序列下，维护费用会有所改变，但是，不同的工件加工顺序相同的维护序列下，维护费用的改变不大。

表 3-1 参数

工件	模糊加工时间
1	(11, 13, 15)
2	(16, 18, 19)
3	(20, 24, 26)
4	(21, 22, 23)
5	(26, 28, 30)
6	(14, 15, 17)
7	(17, 19, 21)
8	(20, 23, 26)
9	(25, 27, 28)

表 3-2 不同遗传代数下的非支配解

解	维护序列	加工序列	完工时间和	$c_1(\cdot)$ (分)	维护费用 (元)
1	000000000	162784395	(761, 892, 934)	869.75	1 412.50
2	001000000	162784395	(1 045, 1 149, 1 221)	1 141	1 653.22
3	000100000	162784395	(1 063, 1 167, 1 239)	1 159	1 717.32
4	010010010	162784395	(1 156, 1 261, 1 352)	1 257.5	2 401.45
5	101001000	162784395	(1 149, 1 253, 1 324)	1 244.75	2 391.15
6	001000001	162784395	(1 078, 1 165, 1 227)	1 158.75	3 275.65
7	000010010	162784395	(1 069, 1 152, 1 219)	1148	1 412.50
8	000101001	162784395	(1 164, 1 271, 1 362)	1 267	1 664.28
9	000000100	162784395	(1 001, 1 098, 1 102)	1 074.75	1 717.32
10	001000100	162748395	(1 044, 1 137, 1 229)	1 136.75	2 381.32
11	000010010	612748395	(1 052, 1 146, 1 237)	1 145.25	2 418.34
12	001000100	261784395	(1 078, 1 190, 1 268)	1 181.5	2 089.52

本章主要考虑的是模糊加工时间下带有弹性维护时间的单台机器调

度问题，下面给出五个不同状况下的例子。

（1）加工时间模糊的生产计划。

若只考虑生产计划的完工时间和，则有

$$\sum_{i=1}^{n} \tilde{c}_{[i]} = \sum_{i=1}^{n} \left(\sum_{k=1}^{i} \sum_{j=1}^{n} \tilde{p}_j x_{kj} \right) \tag{3.14}$$

模糊加工时间的生产计划完工时间（无故障）如表 3-3 所示。

由于加工时间的模糊性，需按照模糊数的大小进行比较。假设最后得到的最优工件加工序列为 $\rho_{SPT'}$，即 1-6-2-7-8-4-3-9-5，工件的期望总完工时间为 $\rho_{SPT'}(TC) = (730, 834, 906)$。由于对机器没有进行任何的维护和维修，因此总的维护费用为 0。然而，在这种情况下，机器遭受损坏的几率很大，一旦机器因为没有得到维护而毁坏停机，则决策者须付出更高的成本。

表 3-3　　模糊加工时间的生产计划完工时间（无故障）

工件	模糊完工时间（无故障）	$c_1(.)$
J_1	(11, 13, 15)	13
J_6	(25, 28, 32)	28.25
J_2	(41, 46, 51)	46
J_7	(58, 65, 72)	65
J_8	(75, 88, 96)	86.75
J_4	(96, 110, 119)	108.75
J_3	(116, 134, 145)	132.25
J_9	(141, 161, 173)	159
J_5	(167, 189, 203)	187

（2）加工时间确定的生产计划。

首先根据上述工件的加工时间构造一个加工时间为实数的案例，即 $p_j \in \mathrm{R}$。由于上述遗传算法是针对模糊数的，因此为了保持一致性，这里将这些实数加工时间转换为等价的模糊数。为达到此目的，只要令三角模糊函数为：

$A=(p, q, r), p=q=r$

机器上需要加工的各个工件的加工时间见表 3-4。此时，工件的加工顺序可以通过传统的单台机器调度问题得到。对于同一实例，由于不考虑机器的不可用性约束，因此不存在机器中断和维护时间，工件序列主要由工件的加工时间决定。若加工时间为确定的数，则按照 SPT 规则可以得到最优工件加工工序 ρ_{SPT}，即 1-6-2-7-4-8-3-9-5，工件的总完工时间为 $\rho_{SPT}(TC)=835$（见表 3-5）。由此可以看出，当工件的加工时间是模糊数时，依照三角模糊数的主值进行 SPT 序排列得到的加工顺序不一定是最优的。因此，对模糊加工时间的机器调度问题研究是有必要的，通过采取不同的方法，可以更加合理地安排机器的调度，从而优化生产计划。由于对机器没有进行任何的维护和维修，因此总的维护费用为 0。同理，在这种情况下，机器遭受损坏的几率很大，一旦机器因为没有得到维护而毁坏停机，则决策者须付出更高的成本。

表 3-4　参数

工件	加工时间
J_1	(13，13，13)
J_2	(18，18，18)
J_3	(24，24，24)
J_4	(22，22，22)
J_5	(28，28，28)
J_6	(15，15，15)
J_7	(19，19，19)
J_8	(23，23，23)
J_9	(27，27，27)

表 3-5　　　　SPT 序下的无故障工件完工时间

J_j	J_1	J_6	J_2	J_7	J_4	J_8	J_3	J_9	J_5
完工时间（无故障）（分）	14	28	47	65	87	110	134	161	189

（3）独立生产计划和维护计划。

如果对机器进行基础维护，则由前可知，最优的基础维护时间间隔可由公式（3.7）计算而得，即 $\rho*=58$。一旦机器发生故障或者小修，机器则需要停止加工任何工件，此时，工件的完工时间不仅要考虑工件本身的加工时间，还需考虑基础维护活动以及更换的可能。因此，若工件的加工时间为三角模糊的情况下单纯考虑维护计划，工件依然按照序列 $\rho_{SPT'}$ 加工，工件的完工时间如表 3-6 所示，其总的维护费用为 2 401.45元。若工件的加工时间为实数的情况下单纯考虑维护计划，工件依然按照序列 ρ_{SPT} 加工，各个工件的完工时间如表 3-7 所示。

表 3-6　　　　模糊加工时间的生产计划完工时间（有故障）

工件	完工时间（有故障）	c_1（.）（分）
J_1	（11，13，15）	13
J_6	（25，28，32）	28.25
J_2	（41，46，51）	46
J_7	（73，80，87）	80
J_8	（105，118，126）	116.75
J_4	（141，155，164）	153.75
J_3	（191，209，220）	207.25
J_9	（246，266，278）	264
J_5	（316，338，351）	335.75
TC	（1149，1253，1324）	1 244.75

表 3-7 SPT 序下的工件完工时间

J_j	J_1	J_6	J_2	J_7	J_4	J_8	J_3	J_9	J_5
完工时间（有故障）	28	43	61	95	117	140	179	206	249

（4）联合生产计划与维护计划。

由前可知，独立生产计划与维护计划下，工件按照 SPT 规则排序可以得到最优加工顺序，此时的基础维护有三次，具体维护信息见表 3-8。对于联合优化生产计划与维护计划，本节采用混合遗传算法。由表 3-8 可知，独立优化与联合优化的工件加工序列是一致的，但是遗传算法的结果要优于独立优化的结果，不仅完工时间和提前了 2.5%（考虑 c_1（·）），而且维护费用也有所降低。因此可得，本算法对该案例是有效的。

表 3-8 不同策略的优化结果

策略	生产计划	独立生产计划与维护计划	联合生产计划与维护计划
加工顺序	1-6-2-7-8-4-3-9-5	1-6-2-7-8-4-3-9-5	1-6-2-7-8-4-3-9-5
基础维护优化结果	—	$\rho*$ =58	V = {19, 63, 80}
基础维护的执行时间	—	41-141-246	19-124-180
完工时间和	(730, 834, 906)	(1 149, 1 253, 1 324)	(1 132, 1 210, 1 304)
c_1（.）（分）	826	1 244.75	1 214
维护费用（元）	—	1 421.75	1 287.30

单一的案例无法为算法提供准确的分析结果，因此本节设计了多个数据实验。假设在列举出的实验中，决策者需要完成的工件有 20 种。机器的故障服从 Weibull 分布，形状参数 η = 100。参照 Cassady 和 Kutanoglu 的分组方法①，本节给出 16 个小类，每个小类的工件加工时间、机器的初始寿命等参数如表 3-9 所示。

（1）机器的初始寿命 $a_{[0]}$ 是整数集Z 1= {51，52，…，100} 中的任意元素。

（2）令工件的模糊加工时间为 $\tilde{p}_i = (p_i - \alpha, p_i, p_i + \beta)$，$p_i$ 是整数集Z 2 = {1，2，…，Pmax} 中的任意元素，整数 $\alpha \in [0.06p_i, 0.15p_i]$，$\beta \in [0.06p_i, 0.15p_i]$。

在利用遗传算法求解此优化问题时，参数设置为：种群的规模 popsize=50，最大的迭代次数 $\tau_{max}=200$，个体交叉的概率为 $p_c=0.9$，个体变异的概 率为 $p_m=0.3$。为检验本节的混合遗传算法的优化性能，采用 NSGA-II 作为参照算法，每种算法在相同初始条件下各自运行 20 次。表 3-10 给出了两种不同算法下（NSGA-II②）非劣解的个数以及算法的平均运行时间。从表中可以得到以下结论：

（1）两个算法均能得到 Pareto 最优解。

（2）MOHGA 算法得到的非劣解比 NSGA-II 算法的多。

（3）MOHGA 算法的运行时间远比 NSGA-II 算法的运行时间少。由此可证实 MOHGA 算法的有效性及优越性。

表 3-9 算例设计

实验组	实验类型	β	t_p	t_r	P_{max}	$n*$	实验组	实验类型	β	t_p	t_r	P_{max}	$n*$
1	1	2	5	15	50	58	5	9	3	5	15	50	55
	2	2	5	15	100	58		10	3	5	15	100	55
2	3	2	5	25	50	45	6	11	3	5	25	50	46

① Sortrakul N, Nachtmann H L, Cassady C R. Genetic algorithms for inte grated preventive maintenance planning and production scheduling for a single machine [J]. Computers in Industry, 2005, 56 (2): 161-168.

② Dekker R. Applications of maintenance optimization models: a review and analysis [J]. Reliability Engineering & System Safety, 1996, 51 (3): 229-240.

表3-9(续)

实验组	实验类型	β	t_p	t_r	P_{max}	$n*$	实验组	实验类型	β	t_p	t_r	P_{max}	$n*$
	4	2	5	25	100	45		12	3	5	25	100	46
3	5	2	10	15	50	82	7	13	3	10	15	50	69
	6	2	10	15	100	82		14	3	10	15	100	69
4	7	2	10	25	50	63	8	15	3	10	25	50	58
	8	2	10	25	100	63		16	3	10	25	100	58

表 3-10　　　　多算例运行结果

实验组	实验类型	获得的非劣解数量		运行时间	
		MOHGA	NSGA-II	MOHGA	NSGA-II
1	1	7	7	13	38
	2	6	6	12	33
2	3	8	3	17	40
	4	2	2	14	41
3	5	1	1	22	60
	6	6	5	14	36
4	7	8	6	11	33
	8	2	2	15	35
5	9	1	1	14	30
	10	4	3	16	37
6	11	5	3	14	40
	12	7	6	18	48
7	13	6	6	19	46
	14	4	4	17	36
8	15	7	5	19	48
	16	6	4	15	39

3.4.2 算法分析

Roy 给出了鲁棒性的具体定义，用来描述“模糊近似值”或者“无知区域”的承受能力，从而避免不良的影响，特别是维护性能的退化①。现有的研究成果中只有很少的部分研究遗传算法的鲁棒性②。基于 Roy 给出的定义，一个“稳定的启发式”必须有以下两个特点：①多次运行后的结果都是一致的（即有抗性）；②给定不同的不确定参数，算法都有一个“无知区域”。

鲁棒性就是算法的稳定性，指的是被测数据出现“震动”（受到干扰）时，算法得到的结论是否相对稳定。本节中的遗传算法的鲁棒性测试不能基于加工时间的改变，这是因为加工时间也是输入的一部分。改变加工时间可能会引起整个问题的变化。鲁棒性测试不同于灵敏度分析。本节中所考虑的问题给出的是数值算例，因此不需要再进行灵敏度分析。再者，灵敏度分析方法一般都依赖于输入值的改变。

给定 10 个不同的随机数集，从而产生 10 个不同的测试。详细的结果见表 3-11，在第二列中给出了最优解出现的次数，第三列给出了一次测试中 50 次迭代的平均值。通过上述测试，本节提出的遗传算法对于解决模糊环境下考虑维护时间的单机调度问题是有效的。本算法能够快速地得到最优解并且在一个测试中多次出现。非最优解并不是最坏的结果，50 次迭代中，所有解的平均获得时间是 53.13 秒。另外，此算法还能发掘其他可替代的最优解。

---

① Roy B. Robustness in operational research and decision aiding: A multi faceted issue [J]. European Journal of Operational Research, 2010, 200 (3): 629-638.

② Ho W H, Chen S H, Liu T K, et al. Design of robust-optimal output feedback controllers for linear uncertain systems using lmi - based approach and genetic algorithm [J]. Information Sciences, 2010, 180 (23): 4529-4542.

表 3-11 测试结果比较

测试序号	最优解的数目	平均时间（s）
1	8 次	43.20
2	10 次	42.86
3	8 次	43.34
4	10 次	43.00
5	9 次	43.10
6	6 次	43.14
7	7 次	43.34
8	10 次	43.92
9	6 次	43.12
10	7 次	43.32
平均	8.2 次	43.13

3.5 小结

单机问题是其他问题的基础，很多存在瓶颈机器的生产车间都可以归结为单机问题。本章针对模糊加工时间弹性维护的单机调度问题，采用威布尔分布函数描述机器在运行过程中发生故障的时间的随机性，推导了机器故障概率与故障发生时间之间的关系方程，引入带乐观-悲观指标的期望算子对模糊参数进行清晰化处理。根据模型的特点，本章设计了基于二进制编码与序列编码相结合的具有加权适应度的多目标遗传算法，并以某车桥厂为案例进行了计算分析，结果证明了模型和算法的优化的有效性。通过与单独考虑维护计划与生产计划的比较发现，联合考虑维护计划与生产计划对提高制造企业的整体效率是有效的。

4 模糊加工时间弹性维护活动的异序作业调度问题

制造环境将原料、劳动力、机器以及能量转化为产品。转化的效率决定了企业能否在当今竞争日益激烈的市场环境下存活。机器调度作为将生产计划转化为生产活动的最后一步，是生产成本与服务水平的主要决定因素。混乱的调度会造成资源的浪费，增加生产成本，降低企业的市场竞争力，还可能延误订单，使得顾客满意度下降，影响企业的未来发展。因此合理有效地安排机器调度对生产效率和生产控制极其重要。而事实上，由于人操作的熟练程度、机器故障、环境参数等各种随机因素的影响，加工时间只能得到一个大概数据或者可变范围，很难得到精确的加工时间。因此，模糊数处理的加工时间更加符合生产实际，更能保证调度的可行性。

4.1 问题介绍

异序作业车间调度问题是多台机器调度问题。异序作业车间调度问题是指两个及两个以上工件以各自特定的机器次序在两台及两台以上机器上加工的排序问题。与流水线加工问题不同的是，在异序作业车间调度问题中机器与机器之间没有共同的加工模式。例如，在流水作业车间调度问题中，所有的工件都必须经过修剪、冲压、加工、碾磨以及抛光等工序。然而在异序作业车间调度问题中，工件不一定要求在每台机器上加工。每个工件以各自特定的机器次序加工，工序的数目可以不相同。例如，某车桥公司在某一个计划期内需要用 5 台机器来加工 4 个零部件。每个零部件的加工工序如表 4-1 所示，每个零部件的名称以及机器的名称与编号如表 4-2 所示。

表 4-1　　工艺加工顺序

加工工件	工艺顺序
主减速器壳总成	钻中心孔→磁力探伤→磨端面→花键外圆→割卡簧槽
半轴	磨止口→精车凸缘内端面→钻孔→精车外端面→关键部位探伤
后桥轴承座	磁力探伤→钻孔→车端面→车内槽→精磨内槽
主齿轮凸缘	车弧面→车端面→探伤→磨弧面→钻孔

表 4-2　　工件与机床名称和编号

编号	1	2	3	4	5
机床	卧式车床	探伤机	磨床	摇臂钻床	数控车床
工件	主减速器壳总成	半轴	后桥轴承座	主齿轮凸缘	-

一方面，不同客户对产品的需求呈现出个性化和多样化的趋势，客户对产品的不同需求致使产品更新速度加快，结构趋于复杂。因此，在新产品的生产调度时，无法精确把握加工时间，只能通过类似的加工经验以及实际的加工状况，将产品的加工估计为在一定区间变化的模糊变量。记 J_1为主减速器壳总成，J_2为半轴，J_3为后桥轴承座，J_4为主齿轮凸缘，则表 4-4 中第一行第一列表示的是零部件 J_1，即主减速器壳总成的第一个工序钻中心孔是在摇臂钻床（J_4）上完成的，由于无法精确把握它的加工时间，因此用三角模糊数（4，5，6）来表示，其余零部件的模糊加工时间如表 4-4 所示。另一方面，卧式机床、探伤机、磨床、摇臂机床以及数控机床这些作为车桥公司赖以正常运营的物质与技术基础，

一旦因为得不到合理的维护造成机器失效或者发生故障，车桥公司的维护成本就会随之增加。如果情况严重，就会造成生产的零部件不合格，影响订单质量，使得车桥公司蒙受巨大的经济损失。因此，对机器进行维护是十分必要的。表 4-3 及图 4-1 给出了相应的维护时间窗，决策者只要求所有的维护活动在其活动时间窗内完成，因此视为弹性维护。本章针对异序作业车间调度问题进行研究，合理确定工件的加工顺序以及安排维护时段是决策者的关注对象，同时决策者希望最大完工时间最小。

表 4-3　　　　维护活动

机器	时间窗		持续时间
	MB_{kl}	ME_{kl}	
M_1	0	7	4
M_2	1	10	1
M_3	5	15	2
M_4	10	18	6
M_5	12	21	5

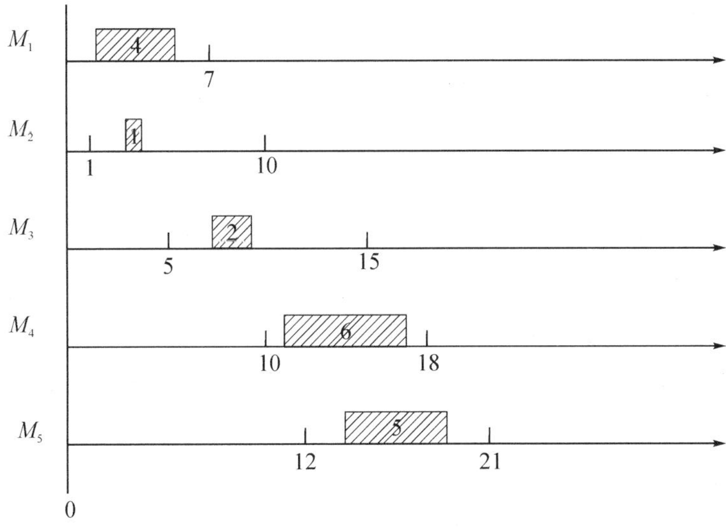

图 4-1　维护活动的时间窗

与经典的异序作业调度问题息息相关的有两大难题。一是路径问题，即如何把工序分配到各个机器上；二是排序问题，即如何确定工序的开始时间以及完成时间。在本书中，由于考虑到机器的维护活动，而如何安排维护活动又是异序作业调度问题面临的新难题，这在一定程度上加大了原问题的难度系数。

表 4-4 模糊加工时间表

工件	机床编号和模糊加工时间				
J_1	4(4,5,6)	2(5,6,7)	3(2,2,3)	1(3,3,4)	5(3,5,8)
J_2	3(9,12,15)	1 (5,6,7)	4(8,9,10)	5(2,3,4)	2(3,6,7)
J_3	2(4,5,7)	4(2,5,6)	1(3,4,8)	5(5,5,8)	3(4,7,8)
J_4	5(1,5,7)	1(4,5,6)	2(2,9,10)	3(11,15,18)	4(8,9,10)

4.2 模型架构

在模糊环境下考虑维护时间的异序作业调度问题中，假设有一个机器集合 $M=\{M_1, M_2, \cdots, M_m\}$，以及工件集合 $J=\{J_1, J_2, \cdots, J_n\}$。每个工件 J_i 都有一个工序序列 $\{O_{i1}, O_{i2}, \cdots, O_{ini}\}$，其中 n_i 表示的是工件 J_i 的工序数。每一个工序 O_{ij} 在机器 M_k 上的加工时间为 p_{ijk}。本章研究的问题是模糊环境下的异序作业车间调度，工件的加工时间是模糊数，因此加工时间记为 $\tilde{p}_{ijk}=(p_{ijk}^1, p_{ijk}^2, p_{ijk}^3)$ 。

为了建立模糊环境下考虑维护时间的异序作业调度模型，提出了以下假设条件：

（1）同一时刻，一个工件只能在一台机器上加工；

（2）同一时刻，一台机器只能加工一个工件；

（3）任何一个工件都没有抢先加工的特权；

（4）工件的工序一旦开始加工就不能被中断。为了方便模型的建立，首先给出模型中所需要的记号如下：

指标

i：工件下标，$i=1, 2, \cdots, n$

j：工序下标

k：机器下标，$k=1, 2, \cdots, m$

l：维护活动下标

确定参数

n：工件总数

m：机器总数

O_{ij}：工件 J_i 的第 j 个工序

M_{ij}：可以加工工序 O_{ij}的机器（$M_{ij} \subseteq M$）

PM_{kl}：机器 M_k 上的第 l 个维护活动

ME_{kl}：第 l 台机器上第 k 个维护活动的最早开始时间

ML_{kl}：第 l 台机器上第 k 个维护活动的最晚开始时间

$\tilde{p}_{ijk}$：工序 O_{ij}在机器 M_k上的模糊加工时长

t_{ki}：机器 M_k上第 i 个维护活动的开始时间

w_i：工件 J_i 的权重

a_k^i 机器 M_k上第 k 个维护活动的工作时长

CM_k^i：机器 M_k上第 k 个维护活动的完成时间

$\tilde{C}_j$：工件 J_i 的模糊完工时间

$T(t)$：时效水平

决策变量

x_{ijk}：工件序列决策变量

y_{ik}：维护活动序列的决策变量

s_{ij}：工序 O_{ij}的开始时间

C_{ij}：工序 O_{ij}的完工时间

z_{kl}：维护活动 PM_{kl}的完成时间

其中

$$x_{ijk}=\begin{cases}1，如果工序 O_{ij} 在机器 M_k 上加工\\0，其他\end{cases}\tag{4.1}$$

下面依次分析模糊加工时间维护时间可调的异序作业车间调度问题的约束条件以及目标函数，其整合后便得到模糊随机环境下带有维护活动的作业车间调度排序问题的数学模型。

工件的工序有着一定的先后顺序，这一点是不容许改变的。假定工件 J_i 的某两个工序依次为 O_{ij} 和 O_{ik} ，则 O_{ik} 的开始时间不得早于 O_{ij} 的结束时间。

$$s_{ij}+\sum_{k\in M_{ij}}(\tilde{p}_{ijk}\cdot x_{ijk})\leq s_{i(j+1)}，j=1，2,\dots，n_i-1；i=1，2,\dots，n\tag{4.2}$$

每个工序 O_{ij} 只能在某一台机器上加工，即

$$\sum_{k\in M_{ij}}x_{ijk}=1，\ i=1，2,\dots，n_i-1；j=1，2,\dots，n；k=1，2,\dots，m\tag{4.3}$$

维护活动与工件加工不能重叠，也就是工件在加工时不能进行维护活动，即

$$[(z_{kl}-d_{kl}-\tilde{C}_{ij})\cdot x_{ijk}\geq 0]\vee[(\tilde{C}_{ij}-z_{kl}-\tilde{p}_{ijk})\cdot x_{ijk}\geq 0]，\forall(i,j)(k,l)\tag{4.4}$$

每个维护活动必须在相应的时间窗里进行，即

$$MB_{kl}+d_{kl}\leq z_{kl}\leq ME_{kl}\tag{4.5}$$

如果工件 i 先后在机器 h 和机器 k 上加工，则有 $a_{ihk}=1$。因此，机器 k 开始加工工件 i 的时间与机器 h 开始加工工件 i 的时间之间的差值必须大于工件 i 在机器 k 上的加工时长，即

$$\tilde{C}_{ik} - T_{ik} + M_0(1 - a_{ihk}) > \tilde{C}_{ih},\ 1 \le i,\ j \le n,\ 1 \le k \le m \tag{4.6}$$

在机器 M_k 上，如果工件 J_i 在工件 J_j 之前加工，*i. e.* $x_{ijk}=1$，则工件 J_i 的开始时间与工件 J_j 的开始时间之间的差值必须大于工件 J_j 在机器 M_k 上的加工时长，即

$$\tilde{C}_{jk} - T_{jk} + M_0(1 - x_{ijk}) > \tilde{C}_{ik},\ 1 \le i,\ j \le n,\ 1 \le k \le m \tag{4.7}$$

工件 J_i 的完工时间指的是工件所有的工序都被完成的时间，即

$$\tilde{C}_i = \max_k \tilde{C}_{ik},\ 1 \le k \le m\ ;\ \tilde{C}_{ik} \ge 0\quad 1 \le i \le n,\ 1 \le k \le m \tag{4.8}$$

对于决策者而言，如何优化时间表长是影响生产流程的重要因素，在本章中，最小化时间表长作为决策者的最终目标。综合以上分析，在满足生产计划与维护计划基本要求的约束下，模糊加工时间弹性维护的异序作业调度问题可建立以下决策模型：

$$\min \tilde{C}_{\max}$$

$$\text{s. t.} \begin{cases} [(z_{kl} - d_{kl} - \tilde{C}_{ij}) \cdot x_{ijk} \ge 0] \vee [(\tilde{C}_{ij} - z_{kl} - \tilde{p}_{ijk}) \cdot x_{ijk} \ge 0] \\ s_{ij} + \sum\limits_{k \in M_{ij}} (\tilde{p}_{ijk} \cdot x_{ijk}) \le s_{i(j+1)} \\ \sum\limits_{k \in M_{ij}} x_{ijk} = 1 \\ MB_{kl} + d_{kl} \le z_{kl} \le ME_{kl} \\ \tilde{C}_{ik} - T_{ik} + M_0(1 - a_{ihk}) > \tilde{C}_{ih} \\ \tilde{C}_{jk} - T_{jk} + M_0(1 - x_{ijk}) > \tilde{C}_{ik} \\ \tilde{C}_{ik} \ge 0 \\ p_{ijk} \ge 0 \end{cases}$$

$$\tag{4.9}$$

4.3 CRO-SA 算法

Lam 和 Li 在 2010 年提出的化学反应算法是一种简单模拟分子在化学反应系统中状态变化的群优化智能算法①。每一个分子代表研究问题的一个可行方案。一个分子主要由多个原子组成。每个分子的原子类型、键长、角度以及扭转方式各不相同。原子类型、键长、角度以及扭转方式的任何改变都会使得分子结构发生变化，因此，分子结构的变化对应着一个可行解切换到另一个可行解。这一章将给出一种改进化学反应算法，包括解码、编码、交叉操作、改进的化学反应操作以及总的算法流程。

4.3.1 基本操作

1. 编码

目前，有关加工时间模糊的异序作业调度问题解的表示方法主要有基于工件工序编码以及随机键编码两种②③。这里采用基于工件工序的编码方式。每个解由一串长为 $n \times m$ 整型数组表示，其中 n 表示的是工件的个数，m 则表示机器的台数。在解码中，每个工件的标号只出现 m 次。每个工件标号的出现代表这个工件的工序将要被执行。例如，某制造企业中的设备与需要加工的零部件如表 4-1、4-2 以及 4-3 所示。

---

① Lam A Y, Li V O. Chemical-reaction-inspired metaheuristic for optimization [J]. IEEE Transactions on Evolutionary Computation, 2010, 14 (3): 381-399.

② Li J, Pan W, Liang Y. An effective hybrid tabu search algorithm for multi- objective flexible job-shop scheduling problems [J]. Computers & Industrial Engineering, 2010, 59 (4): 647-662.

③ Deb K, Agrawal S, Pratap A, et al. A fast elitist non-dominated sorting genetic algorithm for multi-objective optimization: Nsga-ii [J]. Lecture Notes in Computer Science, 2000, 1917: 849-858.

给定一个解，对应的整型数组为 {2, 4, 3, 1, 2, 4, 2, 1, 3, 1, 3, 4, 3, 2, 4, 1, 2, 1, 4, 3}。第一个元素对应工件 J_2 的第一个工序，即 O_{21}，第二个元素对应工序 O_{41}，依此类推，最后一个元素对应工序 O44，即 $O_{21}>O_{41}>O_{31}>O_{11}>O_{22}>O_{42}>O_{23}>O_{12}>O_{32}>O_{13}>O_{33}>O_{43}>O_{34}>O_{24}>O_{44}>O_{14}>O_{25}>O_{15}>O_{45}>O_{35}$。将工件的工序与表 4-4 中的机器对应后的甘特如图 4-2 所示。

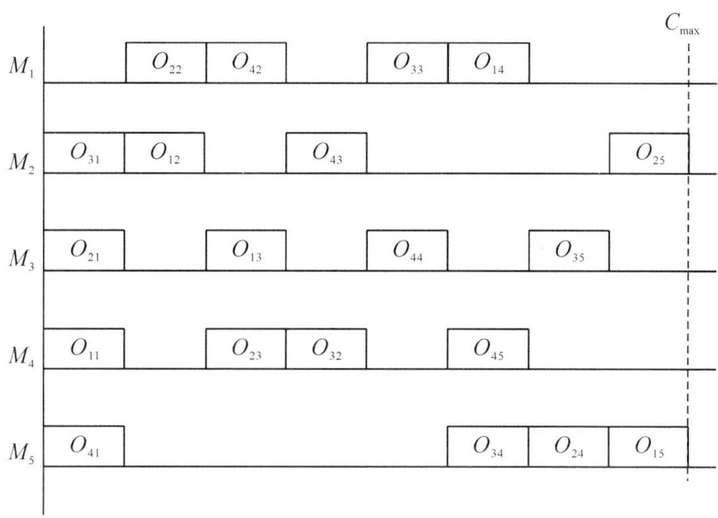

图 4-2　甘特图

2. 维护计划约束解码

由于工件的加工过程可以被维护活动打断，并且在机器恢复运行后，工件可以在已经被加工的基础上继续进行没有完成的加工部分，因此，工件的工序可能被维护活动分割成两部分，即维护活动前已完成部分和未完成部分。又因为工件的加工时间为三角模糊数，因此分割的情况更加复杂，如图 4-3 所示。假设机器 M_k 上的第 l 个维护时间窗为 $[MB_{kl}, ME_{kl}]$，为方便起见，令 $MB_{kl}=z_{kl}-d_{kl}$，$ME_{kl}=z_{kl}$。假设工序 O_{ij} 的开始时间为（b_{ij}^1，b_{ij}^2，b_{ij}^3），结束时间为（e_{ij}^1，e_{ij}^2，e_{ij}^3）。如果 e_{ij}^3 >

MB_{kl} 以及 $b_{ij}^1 < ME_{kl}$ 成立，则工序 O_{ij} 将会被维护活动分割。

(1) 对于情形 (a) 和 (b) 有 $(b_{ij}^1 < ME_{kl}) \wedge (e_{ij}^3 > MB_{kl})$。

(2) 对于情形 (c) 和 (d) 有 $MB_{kl} < e_{ij}^3 < ME_{kl}$。

(3) 对于情形 (b) 和 (e) 有 $MB_{kl} < e_{ij}^1 < ME_{kl}$。

(4) 对于情形 (f) 有 $(e_{ij}^1 < MB_{kl}) \wedge (e_{ij}^3 > ME_{kl})$。

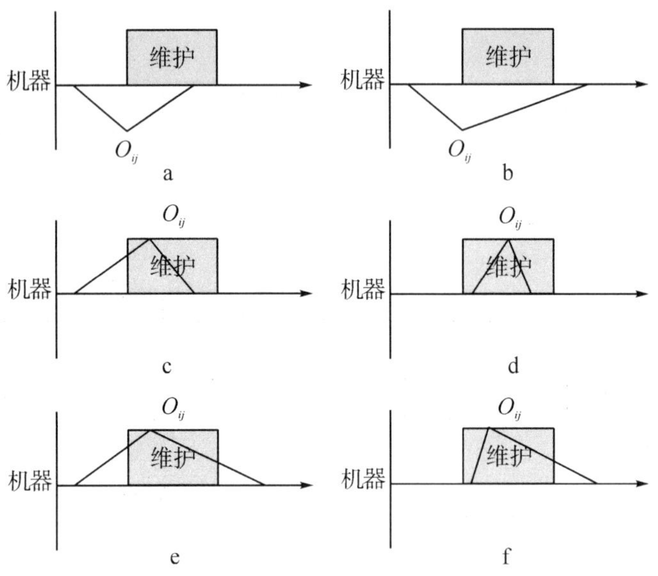

图 4-3 维护活动的分割情况

因此，根据分割的情况有如下讨论：

(1) 工序 O_{ij} 已经开始被加工，此时机器的维护条件同时也满足。令此时工序 O_{ij} 中断前完成部分的开始时间为 (b_{11}, b_{12}, b_{13})，则有 $b_{11} = \min(b_{ij}^1, MB_{kl})$，$b_{12} = \min b_{ij}^2, MB_{kl})$，$b_{13} = \min(b_{ij}^3, MB_{kl})$。工序 O_{ij} 中断前完成部分的开始时间为 (e_{11}, e_{12}, e_{13})，则有 $e_{11} = \min(e_{ij}^1, ME_{kl})$，$e_{12} = \min(e_{ij}^2, ME_{kl})$，$e_{13} = \min(e_{ij}^3, ME_{kl})$。假设工序 O_{ij} 中断前已经完成部分的时间长度为 (c_{11}, c_{12}, c_{13})，则有 $c_{11} = e_{11} - s_{11}$，$c_{12} = e_{12} - s_{12}$，$c_{13} = e_{13} - s_{13}$。工序 O_{ij} 中断后未完成部分的时间长度为 $(r_{11}, r_{12},$

r_{13}），则有 $r_{11}=p_{ij}^1-c_{11}$，$r_{12}=p_{ij}^2-c_{12}$，$r_{13}=p_{ij}^3-c_{13}$。

（2）对于维护活动而言，则其开始时间为（MB_{kl}，MB_{kl}，MB_{kl}），结束时间为（$MB_{kl}+d_{kl}$，$MB_{kl}+d_{kl}$，$MB_{kl}+d_{kl}$）。

（3）工序 O_{ij}在维护活动结束后继续为完成部分的加工。此部分的开始时间为（max（e_{ij}^1，MB_{kl}），max（e_{ij}^2，MB_{kl}），max（e_{ij}^3，MB_{kl}））。结束时间为（max（e_{ij}^1，MB_{kl}）$+r_{11}$，max（e_{ij}^2，MB_{kl}）$+r_{12}$，max（e_{ij}^3，MB_{kl}）$+r_{13}$）。

如果工序 O_{ij}恰好在维护活动结束后开始加工，则此维护活动的开始时间为（MB_{kl}，MB_{kl}，MB_{kl}），结束时间为（$MB_{kl}+d_{kl}$，$MB_{kl}+d_{kl}$，$MB_{kl}+d_{kl}$）。工序的开始时间为（max（b_{ij}^1，MB_{kl}），max（b_{ij}^2，MB_{kl}），max（b_{ij}^3，MB_{kl}））。结束时间为（max（b_{ij}^1，MB_{kl}）$+p_{ij}^1$，max（b_{ij}^2，MB_{kl}）$+p_{ij}^2$，max（b_{ij}^3，MB_{kl}）$+p_{ij}^3$）。

3. 交叉算子

与其他智能算法（遗传算法、粒子群算法等）一样，化学反应算法类似地通过吸收两个或者以上的可行解信息来产生新的可行解。在一般化学反应算法中，当前种群中的每个粒子对应一个可行解。每个粒子通过学习局部最优粒子与全局最优粒子的信息后向最优空间靠近。因此，在改进化学反应算法中引进一个新颖的交叉函数 A-LOX（Non-ABEL and Linear Order Crossover），即结合了两个最常用的交叉方法-线性次序交叉 LOX 和 Non-ABEL 交叉①。分子的活动包含碰撞与合成，但是这两个过程都涉及多个分子，通过碰撞与合成产生新的分子。

假设两个父代可行解分别为 $parent_1$和 $parent_2$，新产生的子代可行解分别为 $offspring_1$和 $offspring_2$。$parent_1$和 $parent_2$的局部最优分别为 b_1 和 b_2，全局最优为 g_s。每个子代可行解将会被分解成单个部分，第一部分

① Wang L. Shop scheduling with genetic algorithms [J]. Tsinghua University & Springer Press, Beijing, 2003.

将从局部最优得到相关信息，并且概率为 q_1，第二部分直接从父代可行解中复制，第三部分将从全局最优得到相关信息，并且概率为 q_2。A-LOX 规则的具体步骤有：输入两个分子 $parent_1$ 和 $parent_2$，两个交叉概率 q_1 和 q_2；输出两个新的分子 $offspring_1$ 和 $offspring_2$。

Step1：随机产生两个数 h_1 和 h_2，其中 h_1 和 h_2 在区间［0，1］内。如果 $h_1 \leqslant q_1$，则 $pa_{11}=b_1$。如果 $h_2 \leqslant q_2$，则 $pa_{12}=g_s$，否则 $pa_{12}=p_1$。如果 $h_1 \leqslant q_1$，则 $pa_{21}=b_2$。如果 $h_2 \leqslant q_2$，则 $pa_{22}=g_s$，否则 $pa_{22}=p_2$。

Step2：随机产生两个位置 r_1 和 r_2，并且 $r_1<r_2$。

Step3：将父代可行解 $parent_1$ 和 $parent_2$ 中处在［r_1，r_2］中的元素复制到与之对应的子代可行解 $offspring_1$ 和 $offspring_2$。

Step4：从 pa_{11} 中删除 $offspring_1$ 中已经出现的元素。从 pa_{21} 中删除 $offspring_2$ 中已经出现的元素。

Step5：令 $i=1$。执行 Step6 到 Step12 直到 pa_{12} 中没有元素。

Step6：如果 $i<r_1$，则令 $r=parent1$［i］mod len（pa_{11}），其中 len（pa_{11}）是 pa_{11} 的长度。令 t［i］$=pa_{11}$［r］。否则，转至 Step8。

Step7：从 pa_{11} 中删除 r 位置上的元素，令 $i=i+1$，返回至 Step6。

Step8：将 t 中的每个元素都插入到 $offspring_1$ 中的空位置，然后删掉 t 中的所有元素。

Step9：令 $i=r_2+1$。从 pa_{12} 中删除 $offspring_1$ 中已经出现的元素。

Step10：令 $r=parent_1$［i］mod len（pa_{12}），t［i］$=pa_{12}$［r］。

Step11：从 pa_{12} 中删除 r 中已经出现的元素，令 $i=i+1$，返回至 Step10。

Step12：将 t 中的每个元素都插入到 $offspring_1$ 中的空位置，然后删掉 t 中的所有元素。

Step13：将 pa_{11} 和 pa_{12} 分别替换为 pa_{21} 和 pa_{22}。经过 Step5-12 产生 $offspring_2$。

以编码设计部分给出的 4 工件-5 台机器为例，假设两个父代可行

解分别设为 $parent_1$ = [2 4 3 1 2 4 2 1 3 1 3 4 3 2 4 1 2 1 4 3] 和 $parent_2$ = [2 4 2 4 3 1 2 1 3 1 1 2 3 4 3 2 4 1 4 3]，两个随机产生的位置分别为 r_1 = 6 和 r_2 = 13；最优解的交叉概率分别为 q_1 = 0.2 和 q_2 = 0.8；随机产生的数分别为 h_1 = 0.1 和 h_2 = 0.5，则 $parent_1$ 的局部最优 b_1 为 [2 4 2 2 4 3 1 1 3 1 3 2 4 3 4 1 1 4 3 2]，全局最优 g_s 为 [2 1 3 1 4 3 2 4 1 2 3 2 4 1 2 1 4 3 4 3]，如图 4-4 所示。

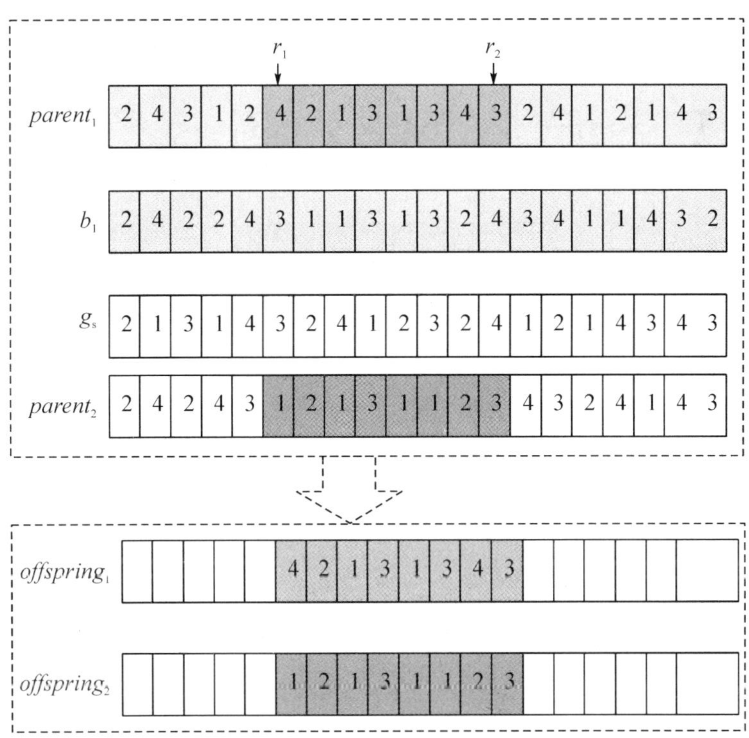

图 4-4　化学反应算法 ALOX 例析（1）

由于 $h_1 \leqslant q_1$，则 $pa_{11} = b_1$。$h_2 \leqslant q_2$，则 $pa_{12} = g_s$。通过复制删除则有图 4-5。

当 i=1 时，$parent_1$ [1] =2，len（pa_{11}）= 12，r=2，t [1] =pa_{11} [2] =2；

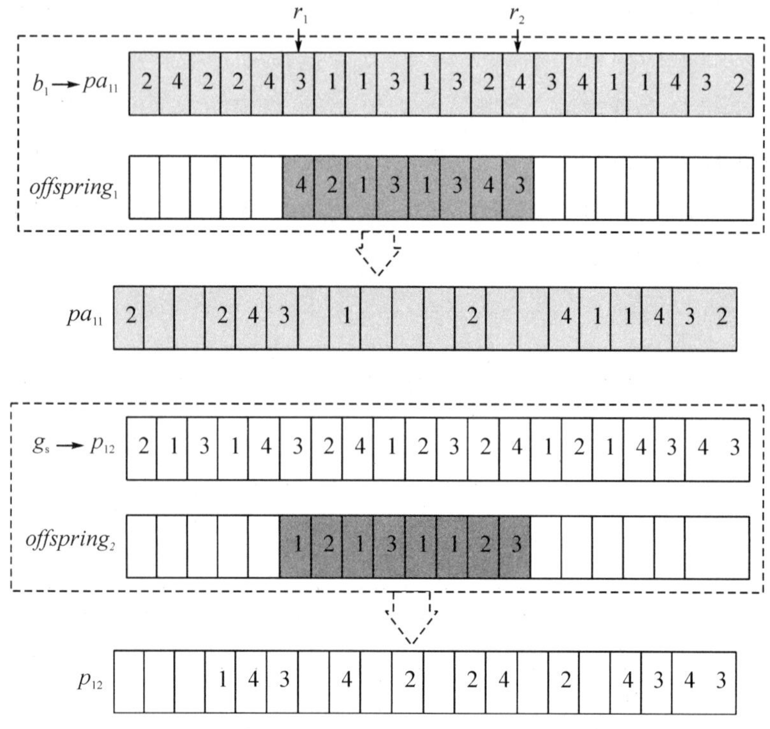

图 4-5　化学反应算法 ALOX 例析（2）

当 $i=2$ 时，$pa_{11}=$［2 4 3 1 2 4 1 1 4 3 2］，$parent_1$［2］$=4$，len（pa_{11}）$=11$，$r=4$，t［2］$=pa_{11}$［4］$=1$；

当 $i=3$ 时，$pa_{11}=$［2 4 3 2 4 1 1 4 3 2］，$parent_1$［3］$=3$，len（pa_{11}）$=10$，$r=3$，t［3］$=pa_{11}$［3］$=3$；

当 $i=4$ 时，$pa_{11}=$［2 4 2 4 1 1 4 3 2］，$parent_1$［4］$=1$，len（pa_{11}）$=9$，$r=1$，t［4］$=pa_{11}$［1］$=2$；

当 $i=5$ 时，$pa_{11}=$［4 2 4 1 1 4 3 2］，$parent_1$［4］$=2$，len（pa_{11}）$=8$，$r=2$，t［5］$=pa_{11}$［2］$=2$；

当 $i=6$ 时，$pa_{11}=$［4 4 1 1 4 3 2］，$parent_1$［4］$=4$，len（pa_{11}）$=7$，$r=4$，t［6］$=pa_{11}$［4］$=1$；

当 $i=14$ 时，$pa_{12}=$［4 1 2 1 4 4 3］，$parent_1$［14］$=2$，len（pa_{12}）

$=7$，$r=2$，t [14] $=pa_{12}$ [2] $=1$；

当 $i=15$ 时，$pa_{12}=$ [4 2 1 4 4 3]，$parent_1$ [15] $=4$，len（pa_{12}）$=6$，$r=4$，t [15] $=pa_{12}$ [4] $=4$；

当 $i=16$ 时，$pa_{12}=$ [4 2 1 4 3]，$parent_1$ [16] $=1$，len（pa_{12}）$=5$，$r=1$，t [16] $=pa_{12}$ [1] $=4$；

当 $i=17$ 时，$pa_{12}=$ [2 1 4 3]，$parent_1$ [17] $=2$，len（pa_{12}）$=4$，$r=2$，t [17] $=pa_{12}$ [2] $=1$；

当 $i=18$ 时，$pa_{12}=$ [2 4 3]，$parent_1$ [18] $=1$，len（pa_{12}）$=3$，$r=1$，t [18] $=pa_{12}$ [1] $=2$；

当 $i=19$ 时，$pa_{12}=$ [4 3]，$parent_1$ [19] $=4$，len（pa_{12}）$=2$，$r=0$，t [19] $=pa_{12}$ [0] $=4$；

当 $i=20$ 时，$pa_{12}=$ [3]，$parent_1$ [20] $=3$，len（pa_{12}）$=1$，$r=0$，t [20] $=pa_{12}$ [0] $=3$；

因此子代 1 为 $offspring_1=$ [2 1 3 2 2 4 2 1 3 1 3 4 3 1 4 4 1 2 4 3]。

4. 基元反应

在化学反应算法中，每一次迭代中都有四种分子间的基元反应。它们主要用来操作解决方案（即探索解空间）和重新分配能量的分子和缓冲。这四个基元反应为：单个分子无效碰撞、分解、分子间无效碰撞和合成。单个分子或者分子间的碰撞对应的是解的开发，等同于遗传算法中变异操作，分解与合成则对应的是完成解的探索。

（1）单分子无效碰撞。单个分子在独立的空间内与墙壁进行碰撞，在这个碰撞的过程中，只有分子结构发生了微小的变化，记为 w'，即 $w\rightarrow w'$。为了提高算法的开发能力，可以使用某些邻域算法。假设 w 是任意给定的分子，随机生成两个位置 $l1$ 和 $l2$（$1\leqslant l1<l2\leqslant n\times m$），则领域算法如下：

①反转方法。将 $l1$ 和 $l2$ 中每个元素进行反转。

②置换方法。将 $l1$ 和 $l2$ 中每个元素进行置换。

③插入方法。将 $l2$ 中的元素插入到 $l1$ 之前。

（2）分解。单个分子在与独立空间内墙壁碰撞后分解成几个部分（为简单起见，设为两个部分），即 $w \rightarrow w_1' + w_2'$。只有当 $PE_w+KE_w \geqslant PEw_1'+PEw_2'$时，分子的分解才是有效的反应。为了提高单个分子分解后的质量，可以采取以下方法：从全局最优分子或者随机产生分子中随机选取一个，记为 w_r；对分子 w 和 w_r 进行交叉操作，产生两个新的分子 w_1 和 w_2；然后判断是否成立分解反应条件，如果条件成立，则接受 w_1 和 w_2，同时修改这两个分子的动能。

（3）分子间无效碰撞。多个分子相互碰撞后相互作用，反应分子数不改变。即 $w_1 + w_2 \rightarrow w_1' + w_2'$，$w_1' = N(w_1)$，$w_2' = N(w_2)$。在此，先对 w_1 和 w_2 进行交叉操作，产生两个新的分子 w_1' 和 w_2'，然后判断其是否满足分子间的碰撞条件，若成立，则接受 w_1' 和 w_2'，同时修改这两个分子的动能。

（4）合成。与分解对应，指多个分子相互碰撞，最后融合在一起的过程，即 $w_1 + w_2 \rightarrow w'$。在此，先对 w_1 和 w_2 进行交叉操作，产生两个新的分子 w_1' 和 w_2'，然后判断其是否满足合成条件，若成立，则接受 w_1' 和 w_2'，同时修改这两个分子的动能。

5. 局部搜索

单纯地依赖某一种算法，容易陷入局部最优。为了提高分子的质量，这里采用模拟退火算法（Simulated Annealing，SA）。1953 年，Metropolis等最早提出模拟退火算法的思想①，1983 年，Kirkpatrick 等将模拟退火算法的思想应用到组合优化②。算法的目的主要是解决 NP 复杂性问题、克服优化过程陷入局部极小以及克服初值依赖性。

---

① Metropolis N，Rosenbluth A W，Rosenbluth M N，et al. Equation of state calculations by fast computing machines［J］. The Journal of Chemical Physics，1953，21（6）：1087-1092.

② Kirkpatrick S，Vecchi M，et al. Optimization by simmulated annealing［J］. Science，1983，220（4598）：671-680.

Step 1：令当前可行解为 S_c，令 $x_{best} = S_c$，并计算目标函数值。

Step 2：设置初始温度 $T(0) = T_0$，迭代次数 $m=1$。

Step 3：判断算法终止条件是否满足，若是，则结束算法；否则，继续执行 Step 3。

Step 3.1：若 $T(m) = T_{min}$，对当前最优解 S_c，随机选择置换邻域、插入邻域和反转邻域中任意一种邻域结构，从而产生一个新的邻域解 x_{new}。

Step 3.2：计算新的目标函数值，并计算目标函数值的增量 Δf。如果增量为负，则有 $x_{best} = x_{new}$；如果增量为正，则有 $p = exp(-\Delta f/T(i))$；如果 $c=\text{random}[0, 1] < p$，则 $x_{best}=x_{new}$，否则 $x_{best}=x_{best}$。

Step 3.3：$m=m+1$。

Step 4：如果 m 比 I_{iter} 大，则返回 Step 2；否则，返回 Step 4。

4.3.2 框架流程

本章给出的混合化学反应-模拟退火算法的基本流程如下所述：

Step 1：初始阶段。

Step 1.1：设置分子种群数量（$CRO_{popsize}$）。

Step 1.2：初始化分子种群，令中心能量 buffer=0。

Step 2：计算种群中每个分子的势能值。

Step 3：执行第一个循环体。

Step 3.1：判断终止条件是否满足。若满足，则输出最优解，否则，继续执行 Step 3.2 至 3.6。

Step 3.2：在 [0, 1] 区间上随机产生 r，如果 $r > MoleColl$，则继续执行 Step 3.3，否则，执行 Step 3.4。

Step 3.3：在种群中任意选择一个分子 w，执行壁面碰撞。

Step 3.4：在种群中随机选择两个分子，执行分子间碰撞。

Step 3.5：评价新产生的分子，并记下每个分子的局部最优以及当前种群的全局最优，在全局最优分子上执行模拟退火局部搜索函数。

Step 3.6：评价新产生的分子，如果在 τ_{max}^{C} 代中最优解得到更新，则转回 Step 3.1，否则，继续执行 Step 4。

Step 4：执行第二个循环体。

Step 4.1：判断终止条件是否满足。若满足，则输出最优解，否则，继续执行 Step 4.2 至 4.6。

Step 4.2：在［0，1］区间上随机产生 r，如果 $r>MoleColl$，则继续执行 Step 4.3，否则，执行 Step 4.4。

Step 4.3：在种群中任意选择一个分子 w，执行壁面碰撞。

Step 4.4：在种群中随机选择两个分子，执行分子间碰撞。

Step 4.5：评价新产生的分子，并记下每个分子的局部最优以及当前种群的全局最优，在全局最优分子上执行模拟退火局部搜索函数。

Step 4.6：评价新产生的分子，如果在 τ_{max}^{C} 代中最优解得到更新，则转回 Step 4.1，否则，继续执行 Step 3。

4.4 算例解析

为了实现算法并验证算法的有效性和模型的可靠性，在本章中给出了算例并对算例进行了详细的分析。实例数据来源于上海某大型车桥厂。车间内共有 10 台机床，包括卧式机床、探伤机、磨床、摇臂车床、数控车窗等，需要加工的工件有主减速器壳总成、半轴、后桥轴承座、主齿轮凸缘等。这些工件在机床上的加工时间和顺序都不一样。例如，半轴要首先经过磨床磨止口，接着在数控车床上精车凸缘内端面，其次经过钻床钻孔，及卧式车床上精车外端面，最后在探伤机上完成关键部位探伤等工序，如图 4-6 所示。各个工件在机床上的加工时间和加工工序见表 4-5。本章给出四种情况的维护时间窗，各个机床的维护时间窗如表 4-6 所示。

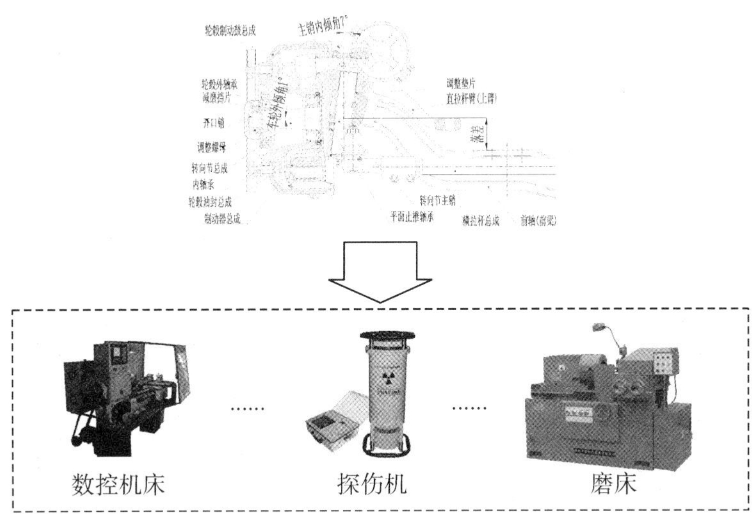

图 4-6 车桥厂工件及设备

表 4-5　　车桥厂工件的模糊加工时间

J_1	4(10,13,16)	6(4,7,9)	7(10,12,13)	8(5,6,7)	9(6,8,9)	2(7,8,12)	5(10,12,15)	3(5,6,7)	1(2,3,5)	10(10,14,18)
J_2	2(3,5,6)	1(9,10,13)	3(5,8,9)	10(9,12,16)	6(5,6,9)	7(7,11,12)	5(9,13,14)	9(8,12,16)	8(2,4,6)	4(4,7,10)
J_3	7(9,12,14)	10(10,13,14)	9(5,7,8)	4(3,4,6)	5(4,7,8)	2(3,5,7)	8(3,4,6)	3(1,2,4)	1(5,7,9)	6(9,11,13)
J_4	5(10,12,16)	7(1,2,4)	10(6,8,10)	6(1,3,5)	4(7,8,11)	1(5,8,10)	8(9,10,14)	9(4,7,8)	2(4,7,10)	3(2,3,5)
J_5	5(9,12,15)	6(8,11,14)	10（10，14，17）	1(5,7,9)	2(2,4,5)	4(1,3,5)	7(7,8,10)	9(3,4,6)	8(9,11,13)	3(1,2,3)
J_6	8(4,7,9)	2(10,12,15)	3(3,4,5)	4(10,14,18)	1(5,6,9)	5(10,14,16)	9(10,12,15)	6(8,9,12)	10(5,8,9)	7(4,7,10)
J_7	5(8,12,13)	10(2,4,6)	8(10,14,18)	1(5,7,9)	6(4,5,8)	9(4,5,7)	7(7,10,11)	2(10,11,12)	3(10,13,15)	4(9,12,13)
J_8	2(10,12,15)	6(5,6,9)	3(1,2,4)	8(6,9,12)	4(4,6,9)	1(7,11,14)	9(7,11,13)	5(6,9,11)	10(8,11,13)	7(7,9,13)
J_9	9(2,4,6)	6(2,3,5)	2(2,3,4)	4(4,6,7)	10(6,8,9)	3(8,12,14)	1(4,7,9)	7(8,11,14)	8(1,2,3)	5(3,5,6)
J_{10}	7(5,8,9)	8(6,8,9)	3(8,12,16)	1(6,9,12)	9(7,11,13)	5(10,11,14)	4(7,10,11)	2(3,5,7)	10(3,4,6)	6(8,11,15)

表 4-6　　4 种不同的维护活动的时间窗

Case	M_1	M_2	M_3	M_4	M_5	M_6	M_7	M_8	M_9	M_{10}
1	(20，25)	(10，15)	(23，27)	(16，21)	(0，0)	(13，17)	(34，39)	(0，0)	(28，32)	(0，0)
2	(44，50)	(33，41)	(75，83)	(12，19)	(63，69)	(10，18)	(31，39)	(52，59)	(23，29)	(59，69)
3	(42，52)	(21，34)	(70，81)	(12，20)	(63，73)	(57，69)	(31，42)	(55，64)	(85，96)	(25，33)
4	(39，52)	(40，49)	(23，31)	(75，82)	(63，71)	(54，65)	(31，39)	(87，95)	(19，30)	(50，60)

4.4.1 结果比较

为检验本书的改进化学反应算法，采用 RKGA 算法①、GPSO 算法②和 SMGA 算法③作为参照算法。所有试验采用 Microsoft Visual C++6.0 编程，算法运行于 *PC*（2.5 GHz CPU，2 GB RAM）。化学反应的种群规模（$CRO_{popsize}$）= 30、50，基元反应中动能损失率（KELossRate）= 0.3、0.2，多分子间碰撞反应的概率为 0.5，0.7，种群的初始势能为 100 000，种群的初始中央能量缓冲器为 0，邻域解集的大小设为 10，15，计算的终止条件为迭代 1 000 次。经仿真实验分析采用如下参数：化学反应的种群规模（$CRO_{popsize}$）= 50，基元反应中动能损失率（KELossRate）= 0.2，多分子间碰撞反应的概率为 0.5，种群的初始势能为 100 000，种群的初始中央能量缓冲器为 0，邻域解集的大小设为 15，计算的终止条件为迭代 1 000 次。在模拟退火搜索中，初始温度为 0.5，变化概率为 0.9。对每一个算例，算法随机执行 20 次。由于在实际生产过程中，维护活动很难按照给定的时间窗准时执行，一般只要在给定的维护时间窗内执行即可。因此，这里需要对维护时间窗做一定的调整。

假设机器 M_k 上的维护时间窗记为 $[b_k, e_k]$。首先令 $pt=(e_i-b_i)$，$\gamma=pt/2+w$。如果 $b-\gamma>0$，则令 $b_i=b_i-\gamma$，否则，令 $b_i=0$。令 $e_i=e_i+\gamma$，w 是区间 $[0, 5]$ 上的随机数。

运行结果如表 4-7 所示。同时，表 4-7 中给出了与其他三种算法的比较情况。这个表包含 8 列，第一列为分类情形，第二列为算法名

---

① Sakawa M，Mori T. An efficient genetic algorithm for job-shop scheduling problems with fuzzy processing time and fuzzy duedate [J]. Computers & Indus trial Engineering，1999，36（2）：325-341.

② Niu Q，Jiao B，Gu X. Particle swarm optimization combined with genetic operators for job shop scheduling problem with fuzzy processing time [J]. Applied Mathematics and Computation，2008，205（1）：148-158.

③ Zheng Y，Li Y. Artificial bee colony algorithm for fuzzy job shop scheduling [J]. International Journal of Computer Applications in Technology，2012，44（2）：124-129.

表 4-7 实验结果

Case	算法	avg	c_1	opt	c_1	wor	c_1
1	SMGA	(47.68,55.51,61.63)	55.08	(47.35,54.10,59.66)	53.80	(51.44,58.97,64.07)	58.37
	GPSO	(46.72,54.08,61.51)	54.10	(44.57,53.27,62.41)	53.38	(49.85,56.20,62.80)	56.26
	RKGA	(46.54,53.80,61.06)	53.80	(44.40,53.83,62.88)	53.73	(44.62,54.70,62.16)	54.04
	CROSA	(44.92,54.00,61.63)	53.64	(45.33,53.88,60.20)	53.32	(44.04,53.04,62.07)	53.05
2	SMGA	(128.24 ,149.94,169.67)	149.45	(123.23,146.35,166.27)	145.55	(135.53,155.79,177.67)	156.19
	GPSO	(126.82,146.08,165.42)	146.10	(127.13,146.95,163.24)	146.07	(127.91,147.18,166.20)	147.12
	RKGA	(126.41,146.70,167.06)	146.72	(126.32,145.39,166.11)	145.80	(125.45,148.74,165.79)	147.18
	CROSA	(123.64,145.72,166.27)	145.34	(124.22,145.55,166.06)	145.35	(123.73,146.30,166.13)	145.62
3	SMGA	(132.10,151.05,164.00)	149.55	(126.92,142.97,154.45)	141.83	(142.59,162.06,173.95)	160.17
	GPSO	(127.97,145.79 ,158.91)	144.62	(119.67,141.35,160.62)	140.75	(134.43,155.08,167.94)	153.14
	RKGA	(126.62,143.47,154.92)	142.12	(123.08,141.94,155.63)	140.65	(131.83,149.47,163.69)	148.61
	CROSA	(125.56,142.90,155.63)	141.75	(125.791 41.52,150.85)	139.92	(125.75,143.26,157.79)	142.52
4	SMGA	(122.80,135.92,150.40)	136.26	(116.90,131.77,149.34)	132.44	(129.41,141.08,157.67)	142.31
	GPSO	(119.79,131.93,146.28)	132.48	(118.06,130.89,142.17)	130.50	(126.34,137.77,150.34)	138.06
	RKGA	(118.66,131.54,146.43)	132.04	(115.55 ,130.21,144.63)	130.15	(122.59,135.16,147.00)	134.98
	CROSA	(114.52,129.55,143.38)	129.25	(113.30,129.62,143.54)	129.02	(117.07,131.54,145.49)	131.41

称，第三列为运行 20 次后得到的平均模糊时间表长，第四列中的 c1(.) 解释了平均模糊时间的中值（见 2.1 节），第五列和第六列表示最优情形下的模糊时间表长及其中值，最后两列表示最坏情形下的模糊时间表长及其中值。从此表中，这里可以得到一些结论：

（1）16 个算例的最好解中，CROSA 算法均获得了优于其他三个算法的结果，这就证明了这个算法的有效性。

（2）CROSA 算法获得的平均值也优于 RKGA 算法、GPSO 算法以及 SMGA 算法，这就进一步证明了 CROTS 算法的优越性。

（3）在比较最坏结果时，CROTS 算法的表现也是最优。

表 4-8 中给出了四个算法在不同的维护时间窗下目标值 c_1（·）偏差比较。无论是最好偏差值还是平均值偏差值，CROSA 算法较之于其他算法都要偏小，从而证明了 CROSA 算法的稳定性。表 4-9 中给出了四个算法在不同的维护时间窗下运行时间的比较。SMGA 算法的运行时间最长，CROSA 算法相对较短。可见，CROSA 算法在求解最好值和平均值方面，相比其他三种算法都表现了良好的性能。上述比较可以证明，CROSA 算法在求解上述 16 个算例中，在算法搜索能力、鲁棒性、收敛性等方面，与其他三种算法相比，表现了良好的性能。

表 4-8　　　　四种对比算法目标值 c_1（·）偏差

比较算法	最好值偏差				平均值偏差			
	1	2	3	4	1	2	3	4
RKGA	1.52	1.50	1.51	1.53	1.05	1.09	1.07	1.10
GPSO	1.47	1.48	1.39	1.41	1.39	1.41	1.37	1.36
SMGA	0.42	0.52	0.49	0.42	0.23	0.20	0.27	0.26
CROSA	0.32	0.30	0.31	0.33	0.15	0.19	0.17	0.10

表 4-9　　四种算法的计算时间

算法	时间（t/s）			
	1	2	3	4
GPSO	31.6	31.1	31.9	31.7
RKGA	32.4	32.7	32.8	32.9
SMGA	81.5	81.1	81.8	80.6
CROSA	23.2	23.0	23.6	23.5

4.4.2 算法评价

一个算法的好坏一方面取决于算法的结果是否优秀，另一方面还要计算算法的空间复杂度。在本节中提出的基于化学反应算法与模拟退火搜索算法的启发式算法中，假设算法的分子种群规模为（$CRO_{popsize}$），工件个数为 n，机器的台数为 m，则此算法需要分配的内存空间包含以下两个方面：

（1）每一个分子所对应的解需要大小为 $n\times m$ 的内存空间存储。在计算分子的目标时，需要为每个工件的释放时间和机器的空闲时间分配空间，此内存空间的大小为 $3\times n\times m$。因此，对于整个种群来说，总的内存空间为 $3\times n\times m\times(n\times m)\times CRO_{popsize}$。

（2）在使用模拟退火搜索最好分子时同样需要分配内存空间。对于 SA 算法的目标函数，其算法时间复杂度是 $O(n)$，温度控制外循环次数假定为 a，在每个特定温度下内循环次数为 b，那么整个算法的时间复杂度为 $O(\mathrm{abn})$。模拟退火搜索表中需要保存的只是分子的交换位置，因此邻域解需要的内存空间为 $nV\times m$。假设 s 表示每一次产生的邻域解集合的大小，每个邻域解都需要计算出目标值，因此，最终需要分配的内存空间为 $\mathrm{abn}\times(n\times m)\times s$。

综合以上两个方面的分析，本章中的化学反应模拟退火搜索混合算法所需要的内存空间为 $abn\times(n\times m)\times(CRO_{popsize}+s)+n\times m$，其中 a、b、$CRO_{popsize}$ 和 s 都是事先给定的，与 n 和 m 无关。一般情形下，工件的个数往往大于机器的台数，即 $n \geqslant m$，因而，此算法空间复杂度为 O（$n2m$）。

4.5　小结

在实际的车桥生产过程中，往往由于各种各样随机不确定因素的影响，使得车桥的加工时间无法用精确数值表达，因而在实际的车间调度过程中，只能根据以往的经验得到车桥零部件的加工时间可能的取值范围。因此，研究基于不确定加工时间的车间调度问题是十分必要的。通过研究发现，采用三角模糊数来描述加工时间的不确定性是十分合理的。本章针对车桥生产的多道工序及多台机器的车间调度进行了深入的研究。根据决策者的实际需求（最小化最大完工时间），本章分析并建立考虑维护时间的车桥加工的数学模型，提出了一种化学反应优化算法与模拟退火搜索算法相结合的启发式算法，最终得到工件的加工序列以及最优目标函数值。本章还考虑了维护，这是因为随着加工时间的持续增加，机器会出现不同程度的磨损、毁坏等，因此需要安排维护计划，以保证机器能够不会因为完全损坏而停机，彻底影响工件的加工，最后导致企业的生产成本增加，影响企业的市场竞争力。本章通过实验分析以及比较结果证明了混合启发式算法的有效性以及寻优能力。

5 模糊随机维护时间窗的单机调度问题

联合考虑机器的维护活动与工件调度，维护活动的开始时间与工件的开始时间一样，都是一个决策变量。这类问题研究的常见模型为机器的每个维护时段都对应一个时间窗，维护可以在时间窗内浮动。由于机器必须停下来进行维护或者修理，因此也是一个 NP 难的问题。Fitouhi 和 Nourelfath 针对维护活动在某时间窗内浮动的单机问题进行了研究，证明集成维护与生产可以减少维护成本与生产总成本①。Li 等研究了带维护的异序作业调度问题，在此问题中，时间窗的开始时间与结束时间都是事先给定的②③。模糊理论在 Zadeh 提出后，被应用到许多的领域④⑤⑥。但是现实生活中，决策的产生同时包含模糊性和随机性。因此，采用模糊随机变量来描述这种状况是可行的⑦。类似地，也可以将模糊随机变量应

---

① Fitouhi M C, Nourelfath M. Integrating noncyclical preventive maintenance scheduling and production planning for a single machine [J]. International Journal of Production Economics, 2012, 136 (2): 344-351.

② Li J, Pan Q. Chemical-reaction optimization for flexible job-shop scheduling problems with maintenance activity [J]. Applied Soft Computing, 2012, 12 (9): 2896-2912.

③ Gao J, Gen M, Sun L. Scheduling jobs and maintenances in flexible job shop with a hybrid genetic algorithm [J]. Journal of Intelligent Manufacturing, 2006, 17 (4): 493-507.

④ Xu J, Ni J, Zhang M. Constructed wetland planning-based bilevel optimization model under fuzzy random environment: Case study of chaohu lake [J]. Jour nal of Water Resources Planning and Management, 2015 (3).

⑤ Xu J, Tu Y, Lei X. Applying multiobjective bilevel optimization under fuzzy random environment to traffic assignment problem: Case study of a large-scale construction project [J]. Journal of Infrastructure Systems, 2013, 20 (3).

⑥ Xu J, Zhou X. Fuzzy-like multiple objective decision making [M]. Berlin: Springer, 2011.

⑦ Kruse R, Meyer K D. Statistics with vague data [J]. Theory & Decision Library, 1987 (38).

用到机器调度问题①。前几章讨论了加工时间为三角模糊数的机器调度问题，这一章主要引入模糊随机概念来处理维护时间窗的不确定性。在机器调度领域中，已有少量的研究考虑模糊随机变量的作用的影响，例如 Itoh 研究了工件的工期是模糊随变量的单机调度问题。

5.1 问题描述

在维护时间段可调的机器调度问题研究中，每个维护时间段都有与之对应的时间窗，维护活动允许在此时间窗内任意浮动。这种情形在实际生产过程中是存在的。例如，某大型空调制造企业的生产车间拥有多台大型机器，包括冲片机、胀管机、折弯机、弯管机以及脱脂炉等。这些机器的清扫、润滑等简单维护工作一般都由操作师进行，维护时间安排在每天开工前、收工后或者某些特殊工作任务完成后。但是对于其他复杂的机器、系统或者程序，例如电路系统、液压系统、冲片程序，它们的维护工作也相应地比较复杂。翻边高度及胀杆的调整、冲模的更换与大型检修等必须由某个特定的机器公司来执行。这些维护工作一般都是同属于一个集团的机器公司。为了降低维护工作对空调企业生产计划的影响，实现整个集团利益的最大化，机器公司和空调企业的调度部门将采取合作方式来制订一个较为合理的调度方案。首先，机器公司根据这些复杂机器的使用手册制订一个初步的维护计划后将每个复杂机器的可行维护时间段告知空调企业的调度部门；其次，调度部门对维护工作以及工件进行统一调度，得到一个层次更高的优化方案；最后，把具体的维护时间段的相关信息反馈给机器公司，具体的维护方式、内容等由

① Itoh T, Ishii H. One machine scheduling problem with fuzzy random due dates [J]. Fuzzy Optimization and DecisionMaking, 2005, 4 (1): 71-78.

机器公司执行，如图 5-1 所示。此种模型基于机器可以持续工作的状况。

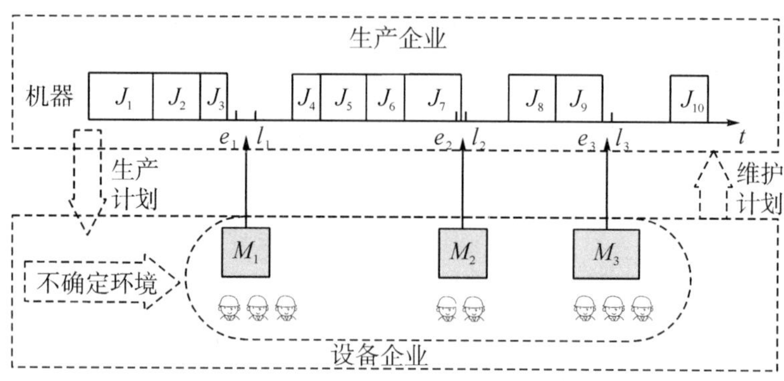

图 5-1 单机模型

由于维护计划的制订是机器公司给定的，与生产计划的制订分属两个不同的机构，因此维护时间窗包含着模糊与随机的双重不确定性。为了适应维护计划中的不确定性，这里引入 Tang 等提出的软时间窗的概念①。假设某维护活动的时间窗为（e，l），采取软时间窗概念法描述记为［e^e，e，l，l^e］，其中 e^e 表示的是调度部门可以容忍的最早时间，如果维护活动的开始时间早于时间点 e，调度部门是可以接受的；l^e 表示的是可以容忍的最晚时间。也就是说，如果维护活动安排在时间（e，l）内，对于两个机构都是最好的选择，同时也存在一个容忍区间［e^e，e，l，l^e］。如果生产计划安排得不合理，就可能造成机器公司选派维护工人过来检修机器，而机器却在加工工件的状况出现，这对机器公司来说，是一种时间与人力的浪费，因此需要考虑维护活动完成的时效度水平。

在描述维护时间窗的模糊随机性之前，首先给出模糊随机变量的定义与性质。1978 年，Kwakernaak 提出用模糊随机变量概念来描述同时拥有模糊信息与随机因素的现象。随后，越来越多的学者从不同的角度研究模糊随机变量，从而给出相应的模糊随机变量的定义，比如 Colubi

① Tang J, Pan Z, Fung R Y, et al. Vehicle routing problem with fuzzy time windows［J］. Fuzzy Sets and Systems, 2009, 160（5）: 683-695.

等，Kruse 和 Meyer①，Lopez-Diaz 和 Gil②、Puri 和 Ralescu③，Wang 和 Qiao④ 及 Lu 等⑤。如果模糊随机变量定义在实数集上，则以上学者提出的定义是等价的。本章考虑的模糊随机变量定义在实数集合上，并且采用 Puri 和 Ralescu 提出的定义。

设 R 表示全体实数的集合，F_c（R）表示全体模糊变量的集合，K_c（R）表示全体非空有界闭区间。

【定义 5.1】（模糊随机变量）给定概率空间（Ω, F, P），一个映射 ζ: $\Omega \to Fc$（R）称为（Ω, F, P）上的模糊随机变量，如果对 $\forall 0<\alpha \leqslant 1$，集值函数 ζ_α: $\Omega \to Kc$（R）

$\zeta_\alpha(w) = (\zeta(v))_\alpha = \{x \mid x \in R, \mu_{\zeta(v)} \geqslant \alpha\}$，$\forall v \in \Omega$ 是 F-可测的，

【定理 5.1】⑥ 如果 ζ 是定义在概率空间（Ω, F, P）的一个模糊随机变量，则

对 $v \in \Omega$, $\forall \alpha \in [0, 1]$, $\zeta_\alpha(v) = [\zeta_\alpha^-(v), \zeta_\alpha^+(v)]$ 是一个随机区间，即 $\zeta_\alpha^-(v)$ 和 $\zeta_\alpha^+(v)$ 是概率空间（Ω, F, P）上的实值随机变量。

这个定理可以作为一个判断实数模糊随机变量的充要条件。

特别地，如果对 $\forall v \in \Omega$，$\zeta(v)$ 是三角模糊数，则称 ζ 为三角型模糊随机变量，记为 $\zeta(v) = (a(v) - l(v), a(v), a(v) + r(v))$，$v \in \Omega$。特殊情况下，如果 $l(v)$，$r(v)$ 取为常数，则三角型

---

① Kruse R, Meyer K D. Statistics with vague data [J]. Theory & Decision Library, 1987 (38).

② López-Diaz M, Gil M A. Constructive definitions of fuzzy random variables [J]. Statistics &probability letters, 1997, 36 (2): 135-143.

③ Puri M L, Ralescu D A. Fuzzy random variables [J]. Journal of mathematical analysis and applications, 1986, 114 (2): 409-422.

④ Wang G, Qiao Z. Linear programming with fuzzy random variable coeffi cients [J]. Fuzzy Sets and Systems, 1993, 57 (3): 295-311.

⑤ Lu B, Chen H, Gu F, et al. Research of earliness/tardiness problem in fuzzy job-shop scheduling [J]. Journal of Systems Engineering, 2006, 6: 013.

⑥ Luhandjula M. Fuzziness and randomness in an optimization framework [J]. Fuzzy Sets and Systems, 1996, 77 (3): 291-297.

模糊随机变量ζ可以记为$\zeta(v)=(a(v)-l, a(v), a(v)+r)$。

5.2 模型创建

假设所研究的单机调度问题有 n 个工件需要处理，记为 $J=\{J_1, J_2, \cdots, J_n\}$。

为了建立该问题的数学模型，首先提出如下基本假设：

(1) 所有工件在 0 时刻都已经准备好；

(2) 工件加工过程不允许中断；

(3) 维护活动安排在工件中间，也就是所有维护活动必须在工件完工前结束；

(4) 维护活动的下标同时也是维护活动的序列号，即 M_i 指的就是第 i 个维护活动。

基于以上假设，本章将建立一个带有模糊随机参数的单机调度问题模型。

为了建立该问题的数学模型，首先给出以下记号：

i：工件下标，$i=1, 2, \cdots, n$；

k：维护活动的下标，$k=1, 2, \cdots, K$；

n：需要被加工的工件数；

K：维护活动的次数；

e_k：第 k-个维护活动最早开始时间；

l_k：第 k-个维护活动最晚开始时间；

p_i：工件 J_i 的加工时间；

w_i：工件 J_i 的权重；

a_k：维护活动 M_k 维护时间；

t_k：第 i 个维护活动的开始时间；

CM_k：第 i 个维护活动的完成时间；

C_i：工件 J_i 的完工时间；

$J_{[i]}$：工件的序列号；

$p_{[i]}$：第 i-个工件的加工时间；

$w_{[i]}$：第 i-个工件的权重；

$C_{[i]}$：第 i-个工件的完工时间；

$T(t)$：时效度；

$\tilde{\tilde{e}}_k^e$：第 k 个维护活动的可承受最早开始时间（模糊随机变量）；

$\tilde{\tilde{l}}_k^e$：第 k 个维护活动的可承受最晚开始时间（模糊随机变量）；

x_{ij}：工件序列决策变量；

y_{ik}：维护活动决策变量。

其中

$$x_{ij}=\begin{cases}1, & \text{如果第 } i\text{-个工件是工件 } J_j;\\ 0, & \text{其他}.\end{cases}$$

$i=1,2,\cdots,n$，$j=1,2,\cdots,n$。基于决策变量 x_{ij} 的定义，第 i 个工件的完工时间为

$$p_{[i]}=\sum_{j=1}^{n}p_jx_{ij}\ ,\ w_{[i]}=\sum_{j=1}^{n}w_jx_{ij}\ ,\ C_{[i]}=\sum_{k=1}^{i}p_{[k]}$$

$$y_{ik}=\begin{cases}1, & \text{如果第 } k \text{ 个维护活动安排在第 } i \text{ 工件之前};\\ 0, & \text{其他}。\end{cases}$$

5.2.1 决策目标

维护活动在一定程度上会影响到工件的加工进度，但是如果不考虑机器的维护活动，机器的故障风险将会增加数倍。因此，机器的维护活动的安排与工件加工安排之间存在着不可消除的矛盾与协定。本章中的主要贡献就是为制造系统提供整体的决策。

模糊随机环境下带维护活动的单机调度问题的第一个目标是最小化

加权完工时间，也就是

$$\min f_1 = \sum_{i=1}^{n} w_i C_i = \sum_{i=1}^{n} w_{[i]} C_{[i]} \tag{5.1}$$

在这个问题中，工件的完工时间会受到许多因素的影响，比如前一个工件的完工时间、加工时长以及之前维护活动的安排情况等。因此，对于第一个工件，它的完工时间 $C_{[1]}$ 为：

$$C_{[1]} = \sum_{j=1}^{n} p_j x_{1j} + y_{1k}(t_k + a_k) \tag{5.2}$$

对于第二个工件，它的完工时间 $C_{[2]}$ 可以描述为：

$$C_{[2]} = \sum_{j \in I} p_j x_{2j} + \sum_{i=1}^{2} y_{ik}(t_k + a_k) \tag{5.3}$$

其中 $I= \{1, 2, \cdots, n\} \cap \bar{Q}_1$，$Q_1 = \{J_{[1]}\}$，那么对于第 i 个工件，它的完工时间 $C_{[i]}$ 为：

$$C_{[i]} = \sum_{j \in I} p_j x_{ij} + \sum_{r=1}^{i} y_{ik}(t_k + a_k) \tag{5.4}$$

其中 $I= \{1, 2, \cdots, n\} \cap \bar{Q}_i$，$Q_i = \{J_{[1]}, J_{[2]}, \cdots, J_{[i-1]}\}$.

模糊随机环境下带维护活动的单机调度问题的第二个目标是最大化平均时效水平，也就是

$$T(t) = \begin{cases} 0, & t < e \\ 1, & e \le t < l \\ 0, & t \ge l \end{cases} \tag{5.5}$$

为了更好地理解模糊随机环境下的时间窗，前面已经简单介绍 Tang 提出的软时间窗定义。假设某维护活动的时间窗为（e, l），采取软时间窗概念法描述记为［e^e, e, l, le］，其中 e^e 表示的是调度部门可以容忍的最早时间，如果维护活动的开始时间早于时间点 e，调度部门是可以接受的；l^e 表示的是可以容忍的最晚时间。也就是说，如果维护活动安排在时间（e, l）内，对于两个机构都是最好的选择，同时也存在一个容忍区间［e^e, e, l, l^e］。此时效性水平可以定义为

$$T(t)=\begin{cases}0,\ t<e^e\\ \dfrac{t-e^e}{e-e^e},\ e^e\le t<e\\ 1,\ e\le t<l\\ \dfrac{l^e-t}{l^e-l},\ l\le t<l^e\\ 0,\ t\ge l^e\end{cases} \tag{5.6}$$

模糊随机环境下的时间窗 $[\tilde{\tilde{e}}^e, \tilde{\tilde{l}}^e]$ 在实际问题中很难得到精确的解，因此，需要一个合适的转换方法将模糊随机变量转换为精确值。

要处理带有不确定因素的多目标优化问题是一件非常困难的事情。在维护时间窗模糊随机的单机调度问题中，不确定因素为三角模糊随机数，因此直接求解方程（5.6）的解是十分复杂的。对于这个问题，模糊随机数的模糊期望值是很好的工具。

不失一般性，这里假设模糊随机变量 $\tilde{\tilde{e}}^e$ 有如下形式：

$$\tilde{\tilde{e}}^e=\begin{cases}\tilde{e}_1^e,\ \text{概率为}\ p_1\\ \tilde{e}_2^e,\ \text{概率为}\ p_2\\ \tilde{e}_3^e,\ \text{概率为}\ p_3\end{cases} \tag{5.7}$$

其中 $\tilde{e}_1^e=(a_1, a_2, a_3)$，$\tilde{e}_2^e=(b_1, b_2, b_3)$，$\tilde{e}_3^e=(c_1, c_2, c_3)$ 表示三个工作人员的时间窗，并且对应的概率为：$P(\{w\in\Omega \mid \chi(w)=\tilde{e}_1^e\})=p_1$，$P(\{w\in\Omega \mid \chi(w)=\tilde{e}_2^e\})=p_2$，$P(\{w\in\Omega \mid \chi(w)=\tilde{e}_3^e\})=p_3$，在给定的概率空间（$\Omega$, A, P）中，Ω 表示三个时间窗的模糊逻辑，χ 是任意给定的映射。

在本章中，根据 Kruse 和 Meyers 方法，$\chi=\tilde{\tilde{e}}^e$（或者 $\tilde{\tilde{l}}^e$）由被选定的维修工人决定①，其中概率空间为（Ω, A, P），$\Omega=$ {模糊逻辑关系中的

① Kruse R, Meyer K D. Statistics with vague data [J]. Theory & Decision Library, 1987 (38).

三个维修工人}，$A=P=\Omega$ 的基数。对任意的 $w\in\Omega$，有 $p(w)=1/card(w)$，其中 card（x）是集合 w 的基数。另外，$\tilde{\tilde{e}}^{e}$（或者 $\tilde{l}^{e}$）的描述可以看成是与（Ω，A，P）有关的模糊随机变量χ，并且 $\bar{x}_1$= “大概 $t=a_2$”，$\bar{x}_2$= “大概 $t=b_2$”，$\bar{x}_3$= “大概 $t=c_2$”，其中 $\bar{x}_1$、$\bar{x}_2$ 和 $\bar{x}_3$ 表示模糊集。这样可以很方便地表示成三角模糊数，如图 5-2 所示。

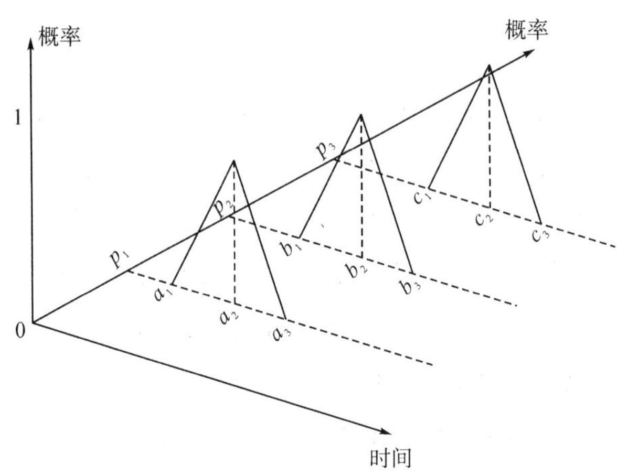

图 5-2　三角模糊随机变量

因此，假设 $\theta(\chi)$ 是由χ产生的模糊变量，如果 $\theta(\chi)=E^{f}[X \mid P]$，$\forall\ \alpha\in[0,1]$，

$$\inf(\theta(\chi))_{\alpha}=E^{f}(\inf\chi_{\alpha}\mid \mathrm{P}) \tag{5.8}$$

$$=p_1\inf(\tilde{e}_1^{e})_{\alpha}+p_2\inf(\tilde{e}_2^{e})_{\alpha}+p_3\inf(\tilde{e}_3^{e})_{\alpha}$$

$$\sup(\theta(\chi))_{\alpha}=E^{f}(s(\tilde{e}_1^{e})_{\alpha}\mathrm{up}\chi_{\alpha}\mid \mathrm{P}) \tag{5.9}$$

$$=p_1\sup+p_2\sup(\tilde{e}_2^{e})_{\alpha}+p_3\sup(\tilde{e}_3^{e})_{\alpha}$$

由文献①的定义，模糊随机变量的模糊期望值 $\tilde{\tilde{e}}^{e}$ 为

$$\mathrm{E}^{\mathrm{f}}[\tilde{\tilde{e}}^{e}]=(ae,be,ce) \tag{5.10}$$

① Kumar U D，Crocker J，Knezevic J. Evolutionary maintenance for aircraft engines [J]. Reliability and Maintainability Symposium，1999，62-68.

其中 $a_e = \inf\ (\theta(\mathcal{X}))_0$，$b_e = \inf\ (\theta(\mathcal{X}))_1 = \sup\ (\theta(\mathcal{X}))_1$，$c_e = \sup\ (\theta(\mathcal{X}))_0$，如图 5-3 所示。

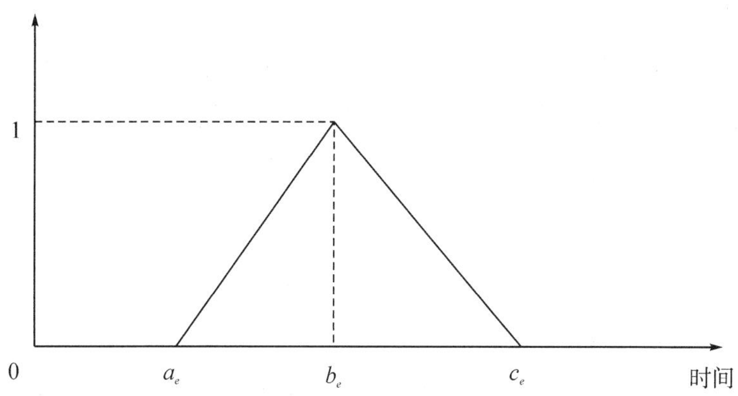

图 5-3 模糊随机变量的模糊期望值

用上述方法可以将模糊随机变量转换为模糊变量。然而，模糊规划问题还是比较难以处理，现在将模糊变量转化为确切值。由于 $\tilde{e}^e = (a, b, c)$ 是三角模糊数，函数 $f_{\tilde{e}^e}(x)$ 和 $g_{\tilde{e}^e}(x)$ 分别是 $\tilde{e}^e$ 左右侧函数，其中 $f_{\tilde{e}^e}(x)$ 是增函数，$g_{\tilde{e}^e}(x)$ 是减函数。因此 $\tilde{e}^e$ 的期望值有以下形式：

$$E(\tilde{e}^e) = \frac{1}{2}\left[\left(b - \int_a^b f_{\tilde{e}^e}(x)\,\mathrm{d}x\right) + \left(b + \int_b^c g_{\tilde{e}^e}(x)\,\mathrm{d}x\right)\right]$$

因此，时效性水平有如下形式的定义：

$$T(t) = \begin{cases} 0, & t < E^f[E[\tilde{\tilde{e}}^e]] \\ \dfrac{t - E^f[E[\tilde{\tilde{e}}^e]]}{e - E^f[E[\tilde{\tilde{e}}^e]]}, & E^f[E[\tilde{\tilde{e}}^e]] \le t < e \\ 1, & e \le t < l \\ \dfrac{E^f[E[\tilde{\tilde{l}}^e]] - t}{E^f[E[\tilde{\tilde{l}}^e]] - l}, & l \le t < E^f[E[\tilde{\tilde{e}}^e]] \\ 0, & t \ge E^f[E[\tilde{\tilde{e}}^e]] \end{cases} \tag{5.11}$$

5.2.2 模型约束

假设第 i-1 个工件是第 k 个维护活动前的最后一个加工工件，即第 k 个维护活动处在第 i-1 个工件和第 i 个工件之间。如果第 i-1 个工件在维护工人准备好之前完成，那么此维护工人必须等待，即

$$t_k \geq \max\{E^f[E[\tilde{\tilde{e}}_k^e]], \ y_{ik}C_{[i-1]}\}, \ k=1, 2, \ldots, m \tag{5.12}$$

$$t_k \leq E^f[E[\tilde{\tilde{l}}_k^e]] \tag{5.13}$$

其中 $E^f[E[\tilde{\tilde{e}}_k^e]]$ 和 $E^f[E[\tilde{\tilde{l}}_k^e]]$ 中的 E^f 将模糊随机变量转换成模糊变量①，而 E 将模糊变量转换成确定的变量②。

在工件加工过程中必须保证每台机器每次只能接受一个工件，而且工件也只能分配到一台机器，则

$$\sum_{i=1}^{n} x_{ij}=1, j=1, 2, \cdots, n; \sum_{j=1}^{n} x_{ij}=1, i=1, 2, \cdots, n \tag{5.14}$$

每个维护活动每次只能由一个维护工人完成，则

$$\sum_{i=1}^{n} y_{ik}=1, k=1, \cdots, m; \sum_{k=1}^{m} y_{ik} \leqslant 1, i=1, \cdots, n \tag{5.15}$$

5.2.3 汇总模型

基于以上讨论，模糊随机环境下带维护活动的单机调度问题的数学模型为

$$\min f_1 = \sum_{i=1}^{n} w_i C_i = \sum_{i=1}^{n} w_{[i]} C_{[i]}$$

$$\max \frac{1}{m} \sum_{k=1}^{m} T_k(t_k)$$

---

① Kruse R, Meyer K D. Statistics with vague data [J]. Theory & Decision Library, 1987 (38).

② Heilpern S. The expected value of a fuzzy number [J]. Fuzzy Sets and Systems, 1992, 47 (1): 81-86.

$$
\text{s. t.} \begin{cases}
\sum_{i=1}^{n} x_{ij} = 1,\ i = 1,\ 2,\dots,\ n \\
\sum_{j=1}^{n} x_{ij} = 1,\ j = 1,\ 2,\dots,\ n \\
t_k \geq \max\{E^f[E[\widetilde{\widetilde{e}}_k^e]],\ y_{ik}C_{[i-1]}\} \\
t_k \leq E^f[E[\widetilde{\widetilde{l}}_k^e]] \\
\sum_{i=1}^{n} y_{ik} = 1,\ k = 1,\ 2,\dots,\ m \\
\sum_{k=1}^{m} y_{ik} \leq 1,\ i = 1,\ 2,\dots,\ n \\
x_{ij} \in \{0,\ 1\},\ i = 1,\ 2,\dots,\ n \\
y_{ik} \in \{0,\ 1\},\ i = 1,\ 2,\dots,\ n,\ k = 1,\ 2,\dots,\ m
\end{cases} \tag{5.16}
$$

其中 $E^f[E[\widetilde{\widetilde{e}}_k^e]]$ 和 $E^f[E[\widetilde{\widetilde{l}}_k^e]]$ 中的 E^f 将模糊随机变量转换成模糊变量，而 E 将模糊变量转换成确定的变量。

5.3 GLNPSO-ff 算法

1995 年，受到飞鸟集群活动的启发，Kennedy 和 Eberhart 提出了粒子群最优算法（Particle Swarm Optimization，PSO）。基本的想法是借助信息共享，在无序向有序的演化过程的问题空间中寻找个体在群体中的整体运动规律，以获得最佳的解决方案。在此过程中，引入了生物群体模型。现有研究表明，PSO 能够有效解决非线性、不可微以及多峰值等复杂决策问题，并且其具有实现容易、精度高、收敛快等优点，因而已逐渐成为进化算法的一个重要分支。在应用 PSO 解决优化问题时，需要用到以下符号：

τ：迭代代数，$\tau = 1,\ 2,\ \cdots,\ T$。

l：粒子，$l=1, 2, \cdots, L$。

h：维数，$h=1, 2, \cdots, H$。

r_1，r_2：［0，1］上两个相互独立的服从 U［0，1］分布的随机数。

$w(\tau)$：第 τ^{th} 代的惯性权重。

$v_d^l(\tau)$：第 τ^{th} 代第 l^{th} 个粒子在第 d^{th} 维上的速度。

$p_d^l(\tau)$：第 τ^{th} 代第 l^{th} 个粒子在第 d^{th} 维上的位置。

$p_d^{l,\ best}$：第 l^{th} 个粒子在第 d^{th} 维空间上的个体最优位置（pbest）。

g_d^{best}：第 d^{th} 维空间上的全局最优位置（gbest）。

c_p：个体加速常数。

c_g：全局加速常数。

P^{max}：粒子搜索范围的最大位置值。

P^{min}：粒子搜索范围的最小位置值。

5.3.1 更新机制

1. 解码

用微粒群算法求解单机调度问题的第一个问题是如何用微粒来表示一个合法调度。多目标粒子群算法的个体（染色体）的编码方式采用实值编码法。每个个体的染色体由两部分组成，前一部分是基础维护活动，后一部分是加工的工件。例如某个个体的染色体表示为 1-0-1-0-0-1-1-4-2-3-6-5，则 1-0-1-0-0-1 表示的是基础维护活动，1-4-2-3-6-5表示的是工件加工顺序，在第一个工件、第三个工件以及第六个工件加工前对机器实施基础维护活动。

2. 粒子初始化

如前所述，粒子 A 和粒子 B 是由两种不同的方法得到的。经过几代繁殖后，可以避免粒子陷入困境。m 次维护活动将时间表分成 $m+1$ 个时间段。如果不考虑维护活动，只是单纯地求工件的最小加权完工时间和，则按照 WSTP 规则可以得到最优序。对任意工件，计算其加工时间权重的比值（p_i/w_i），然后将工件按照此比值由低到高排列即可。考虑到维护活动的介入，此时的调度问题类似于装箱问题①。因此，在初始化粒子中应用 First-fit② 规则是可行的。

因此，粒子 A 是任意生成的，粒子 B 则按照如下方法得到。

Step 1：按照 WSTP 规则调度。

Step 2：记 $m+1$ 个时间段为 $L_1=\left[0,\ \frac{e_1+l_1}{2}\right]$，$L_2=\left[\frac{e_1+l_1}{2}+t_1,\ \frac{e_2+l_2}{2}\right]$，…，$L_k=\left[\frac{e_{k-1}+l_{k-1}}{2}+t_{k=1},\ \frac{e_k+l_k}{2}\right]$，…，$Lm+1=\left[\frac{e_m+l_m}{2}+t_m,\ \infty\right]$，（Fig. 5）。从第一个可用时间段 L_1 开始，将第一个工件 $J_{[1]}$ 安排在此时间段。

Step 3：找到最合适的候选时间段。如果工件的加工时长没有超过时间段 L_k 的长度，那么就将有最大加工时间的工件安排在此时间段。

Step 4：如果工件是空的，则所有工件已被安排完毕。否则，第一个时间段将会作为候选的时间段，并且将工件分配到此时间段。

Step 5：重复 Step 3 和 Step 4，直到所有工件被安排妥当。

3. 适应值函数

本章所考虑的问题是多目标问题，即最小化加权完工时间和最大化平均时效度。这里考虑用 Li 和 Wang 提出的效用函数或者加权函数，此方法能将多目标函数转换为单一目标函数③。在解决此问题的过程中，在每一次迭代中都有许多可行解。如果某一次迭代中的适应函数值比前

---

① Geng Z，ZOU Y. Study on job shop fuzzy scheduling problem based on genetic algorithm [J]. Computer Integrated Manufacturing Systems，2002，8（8）：616-620.

② Bays C. A comparison of next-fit，first-fit，and best-fit [J]. Communications of the ACM，1977，20（3）：191-192.

③ Li B，Wang L. A hybrid quantum-inspired genetic algorithm for multiobjective flow shop scheduling [J]. IEEE Transactions on Systems，Man，and Cybernetics，Part B：Cybernetics，2007，37（3）：576-591.

一次迭代的还要大，那么这个可行解将会被替代。否则，前一次迭代所产生的解将会保持。目标函数 f_1 是最小化问题，而目标函数 f_2 是最大化问题，因此对于维护时间窗模糊随机的单台机器调度问题的适应值函数为

$$Fitness = a_1 \sum_{i=1}^{n} w_i C_i - \frac{a_2}{m} \sum_{k=1}^{m} T_k(t_k) \tag{5.17}$$

其中 a_1 和 a_2 是惩罚因子，且 $a_1+a_2=1$。

4. 粒子速度和位置

在经典 PSO 算法中，更新粒子的位置和速度主要依据以下公式①：

$$\begin{aligned} v_{sd}(\tau+1) &= w(\tau)\, v_{sd}(\tau) \\ &+ c_p r_p \left[PBest_{sd}(\tau) - P_{sd}(\tau) \right] \\ &+ c_g r_g \left[GBest_{sd}(\tau) - P_{sd}(\tau) \right] \end{aligned} \tag{5.18}$$

其中 s 是粒子下标，$s=1$，2，…，S；S 是粒子群的大小；τ 是迭代下标，$\tau=1$，2，…，N；N 迭代次数的上限；v_{sd}（τ）是第 s 个粒子在第 τ 次迭代中第 d 维上的速度；$PBest_{sd}$ 和 $GBest_{sd}$ 分别是第 s 个粒子在第 τ 次迭代中第 d 维上的局部最优位置（pbest）和全局最优位置（gbest）；P_{sd} 是（τ）第 s 个粒子在第 τ 次迭代中第 d 维上的位置。c_p 和 c_g 是正约束（学习因子），并且他们决定全局最优与个人最优的相对权重。r_p 和 r_g 是区间［0，1］上的任意随机数，w（τ）是用来控制前速度对当前速度影响的惯性权重：

$$w(\tau) = w(N) + \frac{\tau - N}{1 - N}[w(1) - w(N)] \tag{5.19}$$

更新粒子的位置后所对应的速度为：

$$P_{sd}(\tau + 1) = P_{sd}(\tau) + v_{sd}(\tau + 1) \tag{5.20}$$

在本章中，主要是用 GLNPSO 来解决 MSFRTW 问题。在此算法中，

① Koza J R, Rice J P. Genetic programming II: automatic discovery of reusable programs [J]. Operational Research, 1994, 1 (4): 80-89.

增加局部最优（lbest）$LBest_{sd}$（τ）和临近最优（nbest）$NBest_{sd}$（τ）以避免经典 PSO 算法出现的局部最优。局部最优指的是临近粒子中最优的位置。临近最优主要由 Veeramachaneni 提出，指的是一个社会学习行为的概念，由距离比（FDR）决定：

$$FDR = \frac{Fitness(P_s) - Fitness(P_o)}{|P_{sd} - P_{od}|} \tag{5.21}$$

其中 P_s 和 P_o 分别是第 s 个粒子和第 o 个粒子的位置向量。第 τ^{th} 迭代的速度由以下方程决定：

$$v_{sd}(\tau+1) = w(\tau)\,v_{sd}(\tau) + c_p r_p[PBest_{sd}(\tau) - P_{sd}(\tau)] + c_g r_g[GBest_{sd}(\tau) - P_{sd}(\tau)] + c_l r_l[LBest_{sd}(\tau) - P_{sd}(\tau)] + c_n r_n[NBest_{sd}(\tau) - P_{sd}(\tau)] \tag{5.22}$$

其中 c_l 和 c_n 指的是全局加速常数和邻居加速常数。$LBest_{sd}$（τ）和 $NBest_{sd}$（τ）分别指的是第 τ^{th} 代第 l^{th} 个粒子在第 d^{th} 维上的局部最优和临近最优。r_l 和 r_n 是［0，1］上两个相互独立的服从 U［0，1］分布的随机数。

pbest，*gbest*，*lbest* 和 *nbest* 依照以下规则更新：对 $s=1, 2, \cdots, S$。

更新 *pbest*：如果 $Fitness(P_s) < Fitness(PBest_s)$，$PBest_s = P_s$；

更新 *gbest*：如果 $Fitness(P_s) < Fitness(GBest)$，$GBest = P_s$；

更新 *lbest*：如果在第 s 个粒子的 K 个邻居中有某个粒子获得最小适应值，则设它为 s 个粒子的本地最优位置 $LBest_s$；

更新 *nbest*：$d=1, \cdots, D$（D 表维数），令使得 FDR 取最大值的 P_{od} 为邻居最优位置 $NBest_{sd}$。

5.3.2 总体框架

基于上述讨论，总结 GLNPSO-ff 算法流程如下：

Step 1：设置参数。粒子群大小 $swarm_{size}$，粒子搜索范围的最大位置值 P^{max}，粒子搜索范围的最小位置值 P^{min}，惯性权重 w，四个加速常数 c_p，c_g，c_l，c_n，以及四个均匀随机数 r_p，r_g，r_l，r_n。

Step 2：初始化粒子。

Step 3：对所有粒子采取以下步骤：

Step 3.1：对 $s=1, \cdots, S$，将每个粒子解码为一个对应的工序。计算每个粒子的适应函数值并令它的位置为个人最优位置。在这些个人最优位置中选择最优的一个作为全局最优位置。

Step 3.2：更新 *pbest*，*gbest*，*lbest* 和 *nbest*。

Step 3.3：更新粒子的位置和速度。

Step 3.4：判断。

如果 $P_{sd}(\tau+1) > P\max$，则 $P_{sd}(\tau+1) = P\max$，$P_{sd}(\tau+1) = 0$，

如果 $P_{sd}(\tau+1) < P\min$，则 $P_{sd}(\tau+1) = P\min$，$P_{sd}(\tau+1) = 0$。

Step 4：每 15 步更换两个群中的粒子。

Step 5：如果满足停止准则，则停止；否则，$\tau=\tau+1$，返回到 Step 2。

5.4 算例剖析

为验证算法的有效性，对 GLNPSO-ff 算法用 Matlab 语言进行了编程（见图 5-5），并在 CPU 为 Pentium（R）4、时钟频率为 2.93GHz、内存为 512MB 的 LENOVO PC 机上的 Windows 7 环境下运行。

5.4.1 典型算例

为了验证算法的性能，考虑一个有 24 个工件和 4 个维护活动的单机调度问题。算法实验数据如表 5-1 和 5-2 所示。

表 5-1 模糊随机维护时间窗

k-th Time Window	1	2	3	4
$[\tilde{e}_1^e, p_1]$	[(12.1,12.5,12.8), 0.4]	[(30.0,30.1,30.2) , 0.5]	[(48.3,48.4,48.7), 0.3]	[(60.3,60.7,60.9), 0.6]
$[\tilde{l}_1^e, q_1]$	[(13.0,13.5,14.1), 0.4]	[(30.8,31.0,31.4) ,0.4]	[(49.1,49.3,59.4), 0.4]	[(61.1,61.6,61.8), 0.4]
$[\tilde{e}_2^e, p_2]$	[(12.0,12.3,12.7), 0.6]	[(29.9,30.1,30.2) , 0.3]	[(47.9,48.1,48.5), 0.4]	[(60.1,60.3,60.4), 0.6]
$[\tilde{l}_1^e, q_2]$	[(13.6,13.8,14.3), 0.6]	[(30.9,31.1,31.3) , 0.3]	[(49.0,49.2,49.3), 0.4]	[(60.9,61.1,61.3), 0.4]
$[\tilde{e}_3^e, p_3]$		[(30.0,30.1,30.3), 0.2]	[(48.1,48.3,48.7), 0.3]	
$[\tilde{l}_1^e, q_3]$		[(31.0,31.2,31.4), 0.3]	[(48.8,49.1,49.2), 0.2]	
e	12.4	30.5	48.4	60.5
l	13	31	49	61.1
MaintenanceTime	1	0.7	1.2	0.9

表 5-2 工件的加工时间

J_i	p_i	w_i	J_i	p_i	w_i
J_1	1.9	1.8	J_{13}	2.3	2.1
J_2	2.0	1.0	J_{14}	2.5	2.3
J_3	1.2	1.8	J_{15}	2.6	1.5
J_4	1.3	2.5	J_{16}	3.4	2.1
J_5	3.6	2.6	J_{17}	1.5	2.9
J_6	1.8	2.8	J_{18}	1.2	1.7
J_7	4.4	2.7	J_{19}	2.8	2.3
J_8	1.7	1.7	J_{20}	4.5	1.8
J_9	1.7	2.2	J_{21}	4.7	2.3
J_{10}	5.0	2.5	J_{22}	2.1	2.4
J_{11}	2.8	1.4	J_{23}	1.6	1.8
J_{12}	2.4	2.8	J_{24}	3.5	1.8

1. 算法比较

首先，这里将这些工件按照 WSPT 准则排列，即：17 →4 →6 →3 →18 →9 →12 →22 →23 →8 →1 →14 →13 →19 →5 →16 →7 →15 →24 →2 →10 →11 →21 →20。

初始化的粒子群 B 如下所示：

Interval 1：17 →4 →6 →3 →18 →9 →12

Interval 2：22 →23 →8 →1 →14 →13 →19

Interval 3：5 →16 →7 →15

Interval 4：24 →2 →10

Interval 5：11 →21 →20

经过计算，此时的时效水平为 1，并且加权完工时间和为1 334.375。大的粒子群和高迭代次数可以减少陷入停滞状态的概率①。在这些实验

① Van den Bergh F, Engelbrecht A P. A convergence proof for the particle swarm optimiser [J]. Fundamenta Informaticae, 2010, 105 (4): 341-374.

中，算法运行时的参数设置为：微粒群种群规模为 $swarm_{size}=200$，最大迭代代数为 $\tau_{max}=150$。为了得到最优的加速常数值 c_p，c_g，c_l，c_n，通过采取不同的微粒子种群规模以及惯性权重进行试验比对，实验结果如表 5-3 所示。从表 5-3 中可以得知：$c_p=2$，$c_g=2$，$c_l=2$，$c_n=2$，当微粒群种群 A 和 B 的规模都为 30，初始惯性权重 w（1）= 0.9，最终惯性权重 w（N）= 0.1。

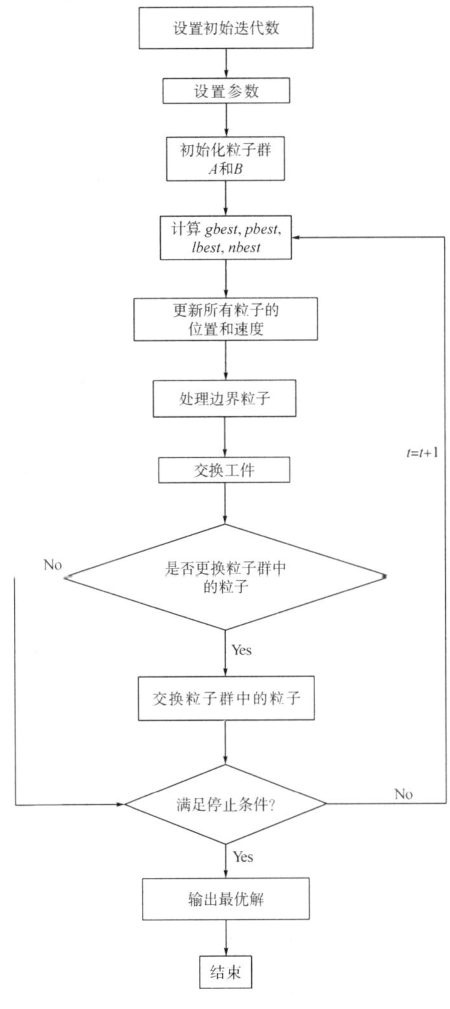

图 5-5 GLNPSO-ff 算法流程图

表 5-3 GLNPSO-ff 算法预备实验

No.	[w（1），w（N）]	种群大小	c_p	c_g	c_n	c_l	（f_1^*，f_2^*）	平均运行时间
1	[1.2，0.1]	20	1	1	1	1	（1 340.21，0.805 6）	13.01
2	[1.1，0.2]	20	1	1.5	1	1.5	（1 341.17，0.808 1）	13.12
3	[1.0，0.3]	20	1	2	1	2	（1 341.46，0.809 7）	12.98
4	[0.9，0.4]	30	1.5	1	1.5	1	（1 339.58，0.801 3）	13.21
5	[1.2，0.1]	30	1.5	1.5	1.5	1.5	（1 337.64，0.810 2）	13.70
6	[1.1，0.3]	40	1.5	2	1.5	2	（1 337.64，0.810 2）	15.74
7	[1.2，0.2]	40	2	1	2	1	（1 337.64，0.810 2）	15.90
8	[0.9，0.1]	40	2	2	2	2	（1 331.34，0.811 2）	15.88
9	[0.9，0.1]	50	2.5	2	2.5	2	（1 338.94，0.813 2）	16.31
10	[1.1，0.3]	50	2.5	2.5	2.5	2.5	（1 341.46，0.800 2）	16.91
11	[1.3，0.5]	50	1	1	1	1	（1 338.71，0.807 2）	16.09
12	[1.0，0.4]	20	1	1.5	1	1.5	（1 331.46，0.800 9）	13.09
13	[1.1，0.3]	20	1	2	1	2	（1 340.74，0.805 4）	13.08
14	[1.2，0.2]	20	1.5	1	1.5	1	（1 335.72，0.810 1）	12.99
15	[1.3，0.1]	30	1.5	1.5	1.5	1.5	（1 337.18，0.812 2）	13.81
16	[1.4，0.1]	30	1.5	2	1.5	2	（1 339.43，0.806 5）	13.67
17	[1.5，0.1]	30	2	1	2	1	（1 342.44，0.807 6）	13.21
18	[0.9，0.1]	30	2	2	2	2	（1 330.55，0.813 0）	13.16
19	[0.8，0.2]	40	2.5	2	2.5	2	（1 331.67，0.802 5）	15.23
20	[1.0，0.2]	40	2.5	2.5	2.5	2.5	（1 334.88，0.809 9）	15.01

运行 10 次后，最优解为：

Interval 1：17 →4 →6 →3 →18 →9 →12 →23

Interval 2：22 →8 →1 →14 →13 →19 →5 →16

Interval 3：7 →15 →24 →2

Interval 4：11 →10

Interval 5：21 →20

图 5-6 给出了 GLNPSO-ff 算法的收敛性。加权完工时间和为 1 330.555，并且平均时效水平为 0.813 0。

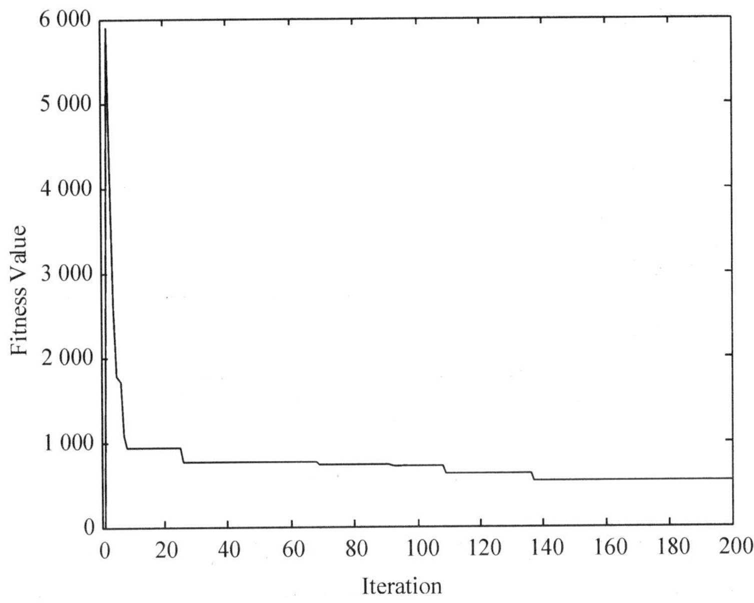

图 5-6 GLNPSO-ff 收敛性

为了验证 GLNPSO-ff 算法的优越性，这里同时给出经典 PSO 算法以及经典遗传算法（GA）的实验结果。

令 PSO 算法的粒子群规模 $S=50$，其他参数与 GLNPSO-ff 算法中的参数一致。运行多次后，PSO 算法的收敛曲线如图 5-7 所示。实验结果为：最小加权完工时间和为 1 415.623，最大平均时效水平为 0.690 8，最优工件加工序列为：

Interval 1：17 →4 →3 →6 →18 →9 →12

Interval 2：22 →23 →8 →1 →14 →13 →19 →5 →16

Interval 3：7 →15 →2

Interval 4：11 →10 →24

Interval 5：21 →20

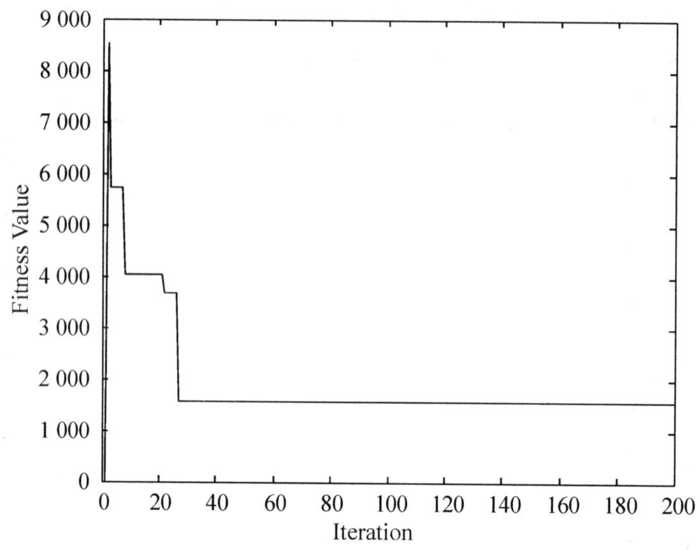

图 5-7 PSO 收敛性

对于经典遗传算法，这里考虑 Taguchi 方法①中的假设与参数设置：①种群数目也是 $P_{size}=50$；②交叉概率和突变概率分别为 0.5 和 0.3；③迭代次数不超过 200。

表 5-4 给出了 GLNPSO-ff 算法、PSO 算法以及 GA 算法的比对结果（包含最小加权完工时间、最大平均时效水平、平均运行时间等）。从中可知，对于模糊随机环境下带有维护活动的单机调度问题，GLNPSO-ff 算法总体上要优于 PSO 算法以及 GA 算法。

为了评估获得的实验数据是否最优，这里引进最小帕累托距离度量

---

① Rosa J L, Robin A, Silva M, et al. Electrodeposition of copper on titanium wires: Taguchi experimental design approach [J]. Journal of Materials Processing Technology, 2009, 209 (3): 1181-1188.

(metric minimum pareto distance)①。评估的步骤如下所示。

Step 1：计算：

$$d(s_k) = \min_{s_p \in S^P}\left\{\sqrt{\sum_{i=1}^{a}\left(\frac{f_i(s_k) - f_i(s_p)}{f_i^{max}(\bullet) - f_i^{min}(\bullet)}\right)^2}\right\} \tag{5.23}$$

其中

$d(s_k)$：实验结果值与帕累托前沿的最小归一化距离；

S^P：帕累托解集；

a：问题的目标解；

$f_i^{max}(\bullet)$，$f_i^{min}(\bullet)$：分别是最大和最小的相对帕累托解集中第 i 个解；

$f_i(\cdot)$：第 i 个目标值。

Step 2：如果$f_i^{max}(\bullet) - f_i^{min}(\bullet) = 0$，则令$f_i^{max}(\bullet) - f_i^{min}(\bullet) = 0.5$。

Step 3：计算平均帕累托距离：

$$D_{<}(S^K) = \frac{1}{|S^P|}\sum d(s_k) \tag{5.24}$$

其中 $D_{<}(\cdot)$ 是实验结果值与帕累托前沿的最小归一化距离的最小平均值 S^K。如果 $D_{<}(\cdot)$ 非常小，则实验结果值将会有一个好的分布。

Step 4：计算标准偏差（SD）：

$$SD = \sqrt{\frac{\sum_{i=1}^{a}(x_i - \bar{x})^2}{a}} \tag{5.25}$$

其中 $\bar{x}$ 表示 a 的平均值。

---

① Pan Q, Wang L, Qian B. A novel differential evolution algorithm for bi-criteria no-wait flow shop scheduling problems [J]. Computers & Operations Research, 2009, 36 (8): 2498-2511.

表 5-4 GLNPSO-ff，PSO 和 GA 的模糊随机环境下的结果比较

实验类型	GLNPSO-ff		PSO		GA	
	（f_1^* ，f_2^* ）	平均运行时间（s）	（f_1^* ，f_2^* ）	平均运行时间（s）	（f_1^* ，f_2^* ）	平均运行时间（s）
模糊随机	（1 330. 55，0. 813 0）	13. 16	（1 422. 055，0. 713 0）	12. 89	（1 448. 037，0. 701 2）	20. 97
随机因素	（1 376. 95，0. 810 5）	13. 72	（1 401. 809，0. 731 0）	13. 01	（1 497. 021，0. 720 7）	21. 32
模糊因素	（1 343. 61，0. 802 4）	13. 29	（1 376. 032，0. 690 3）	12. 78	（1 481. 825，0. 680 1）	19. 01

2. 模型比较

目前还没有研究同时考虑维护时间窗的调度问题的模糊性和随机性。本节考虑两个模型，一个忽略模糊性，一个忽略随机性，其他条件与前面的模型一致。

首先，这里考虑忽略随机性的考虑弹性维护活动的单机调度模型。在这种情形下，每一个维护活动可能需要多个工人，每个工人又都有自己的时间安排。对于一般的考虑弹性维护活动的单机调度问题，时间窗的获得主要通过咨询统计。为了保证该方法的标准化和一致性，这里从表 5-3 中为每一个维护活动随机地选取一个时间窗，其他数据保持不变。按照 GLNPSO-ff 算法，得到

Interval 1：17 →4 →6 →3 →18 →9 →12 →23

Interval 2：8 →22 →1 →14 →13 →19 →5 →16

Interval 3：7 →15 →24

Interval 4：11 →2 →10

Interval 5：21 →20

在这种情况下，最小化加权完工时间总和为 1 343. 61，最大的平均时效水平为 0. 802 4。

另外，这里再考虑忽略随机性的考虑弹性维护活动的单机调度模型。例如，有时要求维护活动的开始时间是在第 1 个小时，即在第 60 分钟开始对机器进行维护。可是，实际上不会要求不能相差一分一秒恰好是在第 60 分钟开始维护机器，而是允许有一定的，譬如 10 分钟的“宽容”。这时维护活动的开始时间不是一个“点”，而是一个“区间”。由 GLNPSO-ff 算法可得最小化加权完工时间总和为 1 376. 95，最大的平均时效水平为 0. 810 5。

Interval 1：17 →4 →6 →3 →18 →12 →9

Interval 2：23 →22 →8 →1 →14 →13 →19 →5 →16

Interval 3：7 →15 →24

Interval 4：2 →11 →10

Interval 5：21 →20

表 5-5 给出了 GLNPSO-ff, PSO 和 GA 算法在不同条件下的实验结果。由此可见，尽管 GLNPSO-ff 算法比 PSO 算法运行的时间略长，但是它的实验结果还是最优的。

表 5-5　　GLNPSO-ff, PSO 和 GA 算法性能比较

类型	算法	Max	Min	Avg	SD
模糊随机环境	GLNPSO-ff	0.008	0.000	0.003	0.010
	PSO	0.951	0.000	0.012	0.102
	GA	0.143	0.000	0.011	0.612

5.4.2 多数值比较

为了与其他算法做比较，需要引入更多的例子。现将实例的构造方法简述如下。

(1) 取 n 为 50，100。

(2) p_i 是区间 [1, 5] 上的均匀分布。

(3) w_i 是区间 [1, 2] 上的均匀分布。

(4) 取 m 为 8，16。

(5) 维护活动的时间窗是区间 [1, 2] 上的均匀分布。

因为维护活动的时间窗为模糊随机变量，即

$$\tilde{\tilde{e}}_k^e = \begin{cases} \tilde{e}_{k,1}^e \text{ 概率为 } p_{k,1} \\ \tilde{e}_{k,2}^e \text{ 概率为 } p_{k,2} \\ \tilde{e}_{k,3}^e \text{ 概率为 } p_{k,3} \end{cases} = \begin{cases} (a_{k,1},\ a_{k,2},\ a_{k,3}) \text{ 概率为 } p_{k,1} \\ (b_{k,1},\ b_{k,2},\ b_{k,3}) \text{ 概率为 } p_{k,2} \\ (c_{k,1},\ c_{k,2},\ c_{k,3}) \text{ 概率为 } p_{k,3} \end{cases} \quad (5.26)$$

每一个 $\tilde{\tilde{e}}_k^e$ 或者 $\tilde{\tilde{l}}_k^e$ 都可以通过以下方法得到。

Step 1：$a_{k,2}$, $b_{k,2}$ 和 $c_{k,2}$ 是区间 [A_k, $A_k + 0.5$] 上的随机数。

Step 2：$a_{k+1,2}$，$b_{k+1,2}$和 $c_{k+1,2}$是区间［A_{k+1}，$A_{k+1}+0.5$］=［A_k+A_k，$A_k+T_k+0.5$］上的随机数。

Step 3：$a_{k,1}$和 $a_{k,3}$是区间［$a_{k,2}-0.2$，$a_{k,2}+0.2$］上的随机数，$b_{k,1}$和 $b_{k,3}$是区间［$b_{k,2}-0.2$，$b_{k,2}+0.2$］上的随机数，$c_{k,1}$和 $c_{k,3}$是区间［$c_{k,2}-0.2$，$c_{k,2}+0.2$］上的随机数。

Step 4：$p_{k,1}$，$p_{k,2}$和 $p_{k,3}$是区间［0，1］上的随机数，并且 $p_{k,1}+p_{k,2}+p_{k,3}=1$；

Step 5：给定 A_1，T_1，T_k 服从区间［10，12］上的均匀分布。

运行 10 次之后，最终结果如表 5-6 所示。从表中可以得知，不管 n 的取值为 50 还是 100，最好的运行结果还是由算法 GLNPSO-ff 所得。当 n 的取值为 50 时，GLNPSO-ff 算法运行结果为（5 328.507，0.830 2)，然而 PSO 算法所得的最小加权完工时间总和为 5 627.235 以及最大平均时效水平为 0.702 1，虽然 PSO 算法的运行时间最短，只有 20.89s。当工件的个数为 100 个时，GLNPSO-ff 算法的运行结果还是最优的。尽管 GA 算法的结果也比较好，但是费时太长。

表 5-6　GLNPSO-ff，PSO 和 GA 三种算法结果比较

n	m	GLNPSO-ff		PSO		GA	
		（f_1^* ，f_2^* ）	平均运行时间（s）	（f_1^* ，f_2^* ）	平均运行时间（s）	（f_1^* ，f_2^* ）	平均运行时间（s）
50	8	（5 348. 507，0. 830 2）	26. 16	（5 627. 235，0. 702 1）	20. 89	（5 409. 135，0. 775 1）	38. 97
100	16	（20 917. 077，0. 820 5）	57. 72	（29 057. 809，0. 730 9）	53. 01	（21 971. 077，0. 720 7）	110. 32

5.5　小结

针对模糊随机维护时间窗的单机调度问题，本书采用模糊随机变量来描述维护时间窗的模糊性与随机性，并综合考虑决策者对生产计划的加权完工时间和以及维护计划的时效性的双重目标。此问题是一个 NP 难的问题，无法用精确算法得出最优解。根据模型的特点，本书提出将 FFD 规则与 WSPT 规则相结合的改进粒子群算法（GLNPSO-ff）。通过与单纯考虑模糊性与随机性的实例分析比较发现，综合考虑模糊随机更接近实际。通过与传统遗传算法以及经典粒子群算法的比较，证明了 GLNPSO-ff算法的有效性和科学性。

6 结论与展望

在当今快速变化的全球市场，为了减少工件的加工时间和保持高准时交货性能，所有的公司都面临越来越大的压力。因此，有效的机器调度是实现这些目标的关键。机器调度问题是一类典型的组合优化问题，不仅在制造企业有着广泛的实际意义，在公共事业管理、信息处理等方面也有着大量的应用。近几十年来，研究人员已经在机器调度技术上取得了实质性的进步。然而，由于大多数机器调度问题是 NP 困难的，即完成解决方案的时间随着规模的增加呈指数增长，在有效时间内寻找到一个最佳的解决方案仍然是一个艰巨的任务。由于机器调度问题与计算机科学理论以及离散组合数学的联系密切，因此不仅是运筹学，管理学、计算机科学以及工程学界也对机器调度问题给予了极大的关注。随着对经典的机器调度问题的深入研究，不断涌现出大量更具有实际应用背景的新型机器调度问题。然而，随着机器的使用时间持续增加，机器会产生磨损、腐蚀，进而导致机器快速衰退乃至停机。因此，对于制造企业的决策者而言，合理给机器安排维护计划是十分必要的考虑。另外，现实生产中普遍存在不确定因素，这使得机器调度问题的求解的难度大幅度增加，同时也使得传统机器调度理论与实际脱节。因此，如何在综合考虑不确定性的情况下合理安排生产计划与维护计划的机器调度问题，有着重要的现实意义。

6.1 主要工作

随着高科技的发展与应用，作为现代制造企业主要部分的生产设备也日益趋向高科技化（高速化、自动化、大型化、精密化以及连续化）。生产设备的越来越多功能化，使其结构也随之变得越来越复杂。然而，越是精密的设备，发生故障的概率也越高，因此基础维护与专业维修必不可少。一旦机器发生故障，无法正常生产，就会给企业带来巨大的利益损失。合理有效的维护计划可以避免、减少甚至消除机器的故障所带来的企业利润损失，为现代制造企业的稳定、高效运行提供了坚实的保障。本书联合考虑生产计划与维护计划，并将其视为有机的整体，能够为机器公司与调度部门的决策者提供可行的参考方案。与此同时，本书还考虑了工件加工过程中的不确定因素以及维护时间窗的不确定。用三角模糊数来描述工件的加工时间的不确定性，对于维护时间窗的不确定性则采用模糊随机变量，如此更加符合实际的生产状况。本书的主要内容包括以下四个方面：

（1）结合模糊环境下的考虑维护时间的机器调度问题的需要，介绍了研究所必需的基础理论内容，包括模糊不确定理论（模糊集、模糊隶属度函数、模糊变量以及模糊数的运算准则）和启发式智能算法（遗传算法、粒子群优化算法以及化学反应优化算法的基本概念与算法流程）。通过归纳凝练这些关键要素，奠定了后续理论研究的夯实的基础。

（2）针对模糊加工时间弹性维护的单机调度问题，采用威布尔分布函数描述机器在运行过程中发生故障的时间的随机性，推导了机器故障概率与故障发生时间之间的关系方程，引入带乐观-悲观指标的期望算子对模糊参数进行清晰化处理。根据模型的特点，设计了基于二进制编码与序列编码相结合的具有加权适应度的多目标遗传算法，并以某车桥厂为案例进行了计算分析，结果证明了模型和算法的优化的有效性。通过与单独考虑维护计划与生产计划的比较发现，联合考虑维护计划与生产计划对提高制造企业的整体效率是有效的。

（3）针对模糊加工时间弹性维护的异序作业车间调度问题，运用模糊集的理论建立了相应的调度模型，并结合化学反应优化算法和模拟退火搜索算法，给出了一种求解模糊加工时间弹性维护时间的异序作业车间调度问题的混合算法框架。结合模糊加工时间以及弹性维护的问题特点，进一步地扩展了化学反应优化算法的四种基本基元反应，为提高其搜索能力，结合了模拟退火搜索算法，从而进一步提高了优化算法的性能。通过分析某车桥厂车桥加工过程的案例的比较结果证明了化学反应-模拟退火搜索算法的寻优能力。

（4）针对模糊随机维护时间窗的单机调度问题，采用模糊随机变量来描述维护时间窗的模糊性与随机性，并综合考虑决策者对生产计划的加权完工时间和以及维护计划的时效性的双重目标。此问题是一个NP-难的问题，无法用精确算法得出最优解。根据模型的特点，提出将FFD 规则与 WSPT 规则相结合的改进粒子群算法（GLNPSO-ff）。通过与单纯考虑模糊性与随机性的实例分析比较发现，综合考虑模糊随机更接近实际。通过与传统遗传算法以及经典粒子群算法的比较，证明 GLNPSO-ff 算法的有效性和科学性。

6.2 本书创新点

本书以组合优化理论、模糊理论为指导，以决策科学理论为主要工具，以智能算法为主要技术，以实际决策问题为主线展开研究，机器调度问题为研究对象。该研究对象决定了本书必须以组合优化理论为指导，才能保证研究具有实际意义。模糊环境下考虑维护时间的机器调度问题模型包括了模糊不确定性的描述，对模糊模型进行抽象，对一般性的模糊决策模型的性质进行讨论，必须要用到模糊型不确定理论。由于联合生产计划与维护计划的机器调度问题，即便是最简单的单机情形也是 NP-难的问题，因此本书中提出的三个模型都难以用普通方法找到最优解，因此必须借助智能算法求解技术。本书主要有以下三个方面的创新点。

（1）本书联合考虑了机器调度问题中的模糊因素与维护因素。通过文献分析，偏向于模糊环境下的调度问题以及考虑维护时间的调度问题的研究居多。绝大部分单纯考虑模糊因素或者维护因素的机器调度问题是难以在多项式时间内求得最优解，因此综合这两个因素到同一个调度问题的求解难度更大，因此，与此问题相关的文献也特别少。本书给出了三个综合考虑模糊性与机器维护的调度，并给出了相应的智能算法，为制造企业等决策者提供了解决办法。

（2）本书综合研究了弹性维护计划与生产计划的联合优化模型。通过模糊加工时间弹性维护活动的单机调度问题，模糊加工时间弹性维护活动的异序作业调度问题以及模糊随机维护时间窗的单机调度问题研究，表明联合考虑生产计划与维护计划的调度优化更加符合制造企业的生产情况。

（3）本书综合考虑了弹性维护时间窗的模糊性与随机性。随着机器的精益化，机器的维护与修理的维修工人的要求越来越高，因此普通生产线上的工人往往无法完成机器的维护工作。这就要求机器的提供方派出专业的维修工人按照制订好的维护计划对机器实施维护计划。因此，在维护时间窗的设置上同时存在随机性与不确定性。本书通过研究单机情形下的模糊随机维护时间窗问题，给出了相应的优化算法以及优化结果。结果表明，考虑模糊随机的现象是十分必要的。

6.3 后续研究

本书较为深入地研究了三个模糊环境下考虑维护时间的机器调度问题，并且为这些问题提供了求得最优解启发式智能算法，形成了一些有价值的研究成果，但本书的研究还可以在某些方面进一步深入与完善。后续的研究工作可以在以下几个方面进行展开。

（1）本书探讨的维修计划是基于机器故障时间股从 Weibull 分布假设的可靠性理论。然而，在具体的维护实践中，还需要进一步探讨和研究单台机器的故障规律及特性。随着现代制造企业的发展，企业的类型也发生着变化，有按订单生产的，有按批量生产的，有按库存生产的，也有的进行连续生产。本书讨论的问题都是基于按订单生产的，因此，对于其他生产类型的机器调度问题可以继续并深入研究。

（2）本书主要讨论了与生产效率相关的最小总完工时间、最小化流程时间、与维护计划相关的维护费用及维护时效水平等目标函数。其他诸如延迟时间、延误时间、误工工件数等目标函数没有考虑，对于某些制造企业来说，这些目标函数可能更接近企业自身需求。随着科学技术的发展，市场竞争日益激烈，客户的需求愈来愈个性，现代制造企业对生产线的要求也愈来愈多，比如小批量多品种、交货期准时、库存量少。因此，决策者将准时交货纳入考核目标，即工件的完工时间比较交货期提前（提前完工会占用一定的资金与库存）或者延后（延后会导致合同违约从而失去顾客信誉等问题）都需要支付一定的惩罚费用。在现有假设条件下考虑此目标可以作为下一步的研究方向之一。

（3）下一步的研究还可以围绕多代理机器调度问题在不同的不确定环境下采用不同的方法解决。本书考虑了模糊随机维护时间窗的单机调度问题，未来还可以拓展到模糊随机维护时间窗的流水作业车间调度问题，模糊随机维护时间窗的平行机调度问题以及模糊随机维护时间窗的异序作业车间调度问题等。

参考文献

[1] 安伟刚. 多目标优化方法研究及其工程应用 [D]. 西安：西北工业大学，2005.

[2] 陈萍，黄厚宽，董兴业. 求解卸装一体化的车辆路径问题的混合启发式算法 [J]. 计算机学报，2008，31 (4)：565-573.

[3] 范静，杨启帆. 机器带准备时间的三台平行机排序问题的线性时间算法 [J]. 浙江大学学报 (理学版)，2005，32 (3)：258-263.

[4] 季敏，何勇. 带核集分划问题的一个改进近似算法 [J]. 系统工程理论与实践，2003 (12)：110-115.

[5] 纪树新. 基于遗传算法的车间作业调度系统研究 [D]. 杭州：浙江大学，1997.

[6] 纪树新，钱积新. 车间作业调度遗传算法中的编码研究 [J]. 信息与控制，1997，26 (5)：393-400.

[7] 廖雯竹，潘尔顺，奚立峰. 基于设备可靠性的动态预防维护策略 [J]. 上海交通大学学报，2009，43 (8)：1332-1336.

[8] 马英. 考虑维护时间的机器调度问题研究 [D]. 合肥：合肥工业大学，2010.

[9] 潘全科，朱剑英. 解决无等待流水线调度问题的变邻域搜索算法 [J]. 中国机械工程，2006，17 (16)：1741-1743.

[10] 宋莉波，徐学军，孙延明，等. 一种求解柔性工作车间调度问题的混合遗传算法 [J]. 管理科学学报，2010，13 (11)：49-54.

[11] 宋晓宇，朱云龙，尹朝万，等. 应用混合蚁群算法求解模糊作

业车间调度问题［J］. 计算机集成制造系统，2007，13（1）：105-109.

［12］唐国春. 排序，经典排序和新型排序［J］. 数学理论与应用，1999，19（3）：16-21.

［13］唐国春. 排序论基本概念综述［J］. 重庆师范大学学报（自然科学版），2012，29（4）：1-11.

［14］王成尧，高麟，汪定伟. 模糊加工时间调度问题的研究［J］. 系统工程学报，1999，14（3）：238-242.

［15］王成尧，汪定伟. 单机模糊加工时间下最迟开工时间调度问题［J］. 控制与决策，2000，15（1）：71-74.

［16］王伟玲，李铁克，施灿涛. 一种求解作业车间调度问题的文化遗传算法［J］. 中国机械工程，2010（3）：303-309.

［17］吴悦，汪定伟. 用模拟退火法解任务的加工时间为模糊区间数的单机提前/拖期调度问题［J］. 信息与控制，1998，27（5）：394-400.

［18］吴悦，汪定伟. 用遗传算法解模糊交货期下 flow shop 调度问题［J］. 系统工程理论与实践，2000，20（2）：108-112.

［19］希胜. 以可靠性为中心的维修决策模型［M］. 北京：国防工业出版社，2007.

［20］谢志强，刘胜辉，乔佩利. 基于 acpm 和 bfsm 的动态 job-shop 调度算法［J］. 计算机研究与发展，2003，40（7）：977-983.

［21］谢志强，杨静，杨光，等. 可动态生成具有优先级工序集的动态 job-shop 调度算法［J］. 计算机学报，2008，31（3）：502-508.

［22］杨晓梅，曾建潮. 采用多个体交叉的遗传算法求解作业车间问题［J］. 计算机集成制造系统，2004，10（9）：1114-1119.

［23］张长水，沈刚. 解 job-shop 调度问题的一个遗传算法［J］. 电子学报，1995，23（7）：1-5.

［24］Adams J，Balas E，Zawack D. The shifting bottleneck procedure for job shop scheduling［J］. Management Science，1988，34（3）：391-

401.

[25] Adiri I, Bruno J, Frostig E, et al. Single machine flow-time scheduling with a single breakdown [J]. Acta Informatica, 1989, 26 (7): 679-696.

[26] Aggoune R. Minimizing the makespan for the flow shop scheduling problem with availability constraints [J]. European Journal of Operational Research, 2004, 153 (3): 534-543.

[27] Aggoune R, Portmann M C. Flow shop scheduling problem with limited ma- chine availability: a heuristic approach [J]. International Journal of Production Economics, 2006, 99 (1): 4-15.

[28] Ahmadizar F, Hosseini L. Minimizing makespan in a single-machine schedul- ing problem with a learning effect and fuzzy processing times [J]. The International Journal of Advanced Manufacturing Technology, 2013, 65 (1-4): 581-587.

[29] Akhshabi M, Tavakkoli-Moghaddam R, Rahnamay-Roodposhti F. A hybrid particle swarm optimization algorithm for a no-wait flow shop scheduling prob- lem with the total flow time [J]. The International Journal of Advanced Manufac- turing Technology, 2014, 70 (5-8): 1181-1188.

[30] Akturk M S, Ghosh J B, Gunes E D. Scheduling with tool changes to mini- mize total completion time: a study of heuristics and their performance [J]. Naval Research Logistics (NRL), 2003, 50 (1): 15-30.

[31] Akturk M S, Ghosh J B, Gunes E D. Scheduling with tool changes to mini mize total completion time: basic results and spt performance [J]. European Jour nal of Operational Research, 2004, 157 (3): 784-790.

[32] Allaoui H, Artiba A, Elmaghraby S, et al. Scheduling of a two-machine flowshop with availability constraints on the first machine [J]. In-

ternational Jour nal of Production Economics, 2006, 99 (1): 16-27.

[33] Allaoui H, Lamouri S, Artiba A, et al. Simultaneously scheduling n jobs and the preventive maintenance on the two-machine flow shop to minimize the makespan [J]. International Journal of Production Economics, 2008, 112 (1): 161-167.

[34] Anglani A, Grieco A, Guerriero E, et al. Robust scheduling of par allel machines with sequence-dependent set-up costs [J]. European Journal of Op erational Research, 2005, 161 (3): 704-720.

[35] Balasubramanian J. Grossmann I E. Scheduling optimization under uncertainty-an alternative approach [J]. Computers & Chemical Engineering, 2003, 27 (4): 469-490.

[36] Barlow R, Hunter L. Optimum preventive maintenance policies [J]. Operations research, 1960, 8 (1): 90-100.

[37] Bays C. A comparison of next-fit, first-fit, and best-fit [J]. Communications of the ACM, 1977, 20 (3): 191-192.

[38] Breit J, Formanowicz P, Kubiak W, et al. Heuristic algorithms for the two-machine flowshop with limited machine availability [J]. Omega, 2001, 29 (6): 599-608.

[39] Breit J. An improved approximation algorithm for two-machine flow shop scheduling with an availability constraint [J]. Information Processing Letters, 2004, 90 (6): 273-278.

[40] Breit J. A polynomial-time approximation scheme for the two-machine flow shop scheduling problem with an availability constraint [J]. Computers & Operations Research, 2006, 33 (8): 2143-2153.

[41] Breit J. Improved approximation for non-preemptive single machine flow-time scheduling with an availability constraint [J]. European Journal of Operational Research, 2007, 183 (2): 516-524.

[42] Brucker P, Werner F. Complexity of shop-scheduling problems with fixed number of jobs: a surey [J]. Mathematical Methods of Operations Research 2007, 65 (3): 461-481.

[43] Cassady C R, Kutanoglu E. Minimizing job tardiness using integrated preven tive maintenance planning and production scheduling [J]. IIE Transactions, 2003, 35 (6): 503-513.

[44] Chan F, Wong T, Chan L. Flexible job-shop scheduling problem under re source constraints [J]. International Journal of Production Research, 2006, 44 (11): 2071-2089.

[45] Chen J. Single-machine scheduling with flexible and periodic maintenance [J]. Journal of the Operational Research Society, 2006, 57 (6): 703-710.

[46] Chen J. Optimization models for the machine scheduling problem with a single flexible maintenance activity [J]. Engineering Optimization, 2006, 38 (1): 53-71.

[47] Chen J. Optimization models for the tool change scheduling problem [J]. Omega, 2008, 36 (5): 888-894.

[48] Chen J. Scheduling of nonresumable jobs and flexible maintenance activities on a single machine to minimize makespan [J]. European Journal of Operational Research, 2008, 190 (1): 90-102.

[49] Chen M, Feldman R M. Optimal replacement policies with minimal repair and age-dependent costs [J]. European Journal of Operational Research, 1997, 98 (1): 75-84.

[50] Cheng T E, Liu Z. 32-approximation for two-machine no-wait flowshop scheduling with availability constraints [J]. Information Processing Letters, 2003, 88 (4): 161-165.

[51] Cheng T E, Liu Z. Approximability of two-machine no-wait flow-

shop scheduling with availability constraints [J]. Operations Research Letters, 2003, 31 (4): 319-322.

[52] Cheng T E, Wang G. An improved heuristic for two-machine flowshop scheduling with an availability constraint [J]. Operations Research Letters, 2000, 26 (5): 223-229.

[53] Colubi A, Domınguez-Menchero J S, López-Dıaz M, et al. On the formalization of fuzzy random variables [J]. Information Sciences, 2001, 133 (1): 3-6.

[54] Deb K, Agrawal S, Pratap A, et al. A fast elitist non-dominated sorting genetic algorithm for multi-objective optimization: Nsga-ii [J]. Lecture Notes in Computer Science, 2000, 1917: 849-858.

[55] Dekker R. Applications of maintenance optimization models: a review and analysis [J]. Reliability Engineering & System Safety, 1996, 51 (3): 229-240.

[56] Dell' Amico M, Martello S. Bounds for the cardinality constrained ? | | ? max problem [J]. Journal of Scheduling, 2001, 4 (3): 123-138.

[57] Dubois D, Prade H. Possibility Theory [M]. Berlin: Springer, 1988.

[58] Eberhart R C, Shi Y. Particle swarm optimization: developments, applications and resources [J]. Proceedings of the Congress on Evolutionary Computation, 2001, 1: 81-86.

[59] Engin O, Go¨zens. Parallel machine scheduling problems with fuzzy process- ing time and fuzzy duedate: An application in an engine valve manufacturing process [J]. Multiple-Valued Logic and Soft Computing, 2009, 15 (2-3): 107-123.

[60] Espinouse M L, Formanowicz P, Penz B. Minimizing the makes-

pan in the two-machine no-wait flow-shop with limited machine availability [J]. Computers & Industrial Engineering, 1999, 37 (1): 497-500.

[61] Espinouse M L, Formanowicz P, Penz B. Complexity results and approxima tion algorithms for the two machine no-wait flow-shop with limited machine availability [J]. Journal of the Operational Research Society, 2001, 52 (1): 116-121.

[62] Fayad C, Petrovic S. A fuzzy genetic algorithm for real-world job shop scheduling [C]. Berlin: Springer, 2005.

[63] Fitouhi M C, Nourelfath M. Integrating noncyclical preventive maintenance scheduling and production planning for a single machine [J]. International Journal of Production Economics, 2012, 136 (2): 344-351.

[64] Fogel L J, Owens A J, Walsh M J. Artificial intelligence through simulated evolution [M]. New York: Wiley, 1966.

[65] Fortemps P. Job shop scheduling with imprecise durations: a fuzzy approach [J]. IEEE Transactions on Fuzzy Systems, 1997, 5 (4): 557-569.

[66] Gao J, Gen M, Sun L. Scheduling jobs and maintenances in flexible job shop with a hybrid genetic algorithm [J]. Journal of Intelligent Manufacturing, 2006, 17 (4): 493-507.

[67] Gao J, Sun L, Gen M. A hybrid genetic and variable neighborhood descent algorithm for flexible job shop scheduling problems [J]. Computers & Operations Research, 2008, 35 (9): 2892-2907.

[68] Garey M R, Johnson D S. Approximation algorithms for bin packing-An updated survey [J]. Springer Vienna, 1984, 283 (3): 49-106.

[69] Geng Z, ZOU Y. Study on job shop fuzzy scheduling problem based on genetic algorithm [J]. Computer Integrated Manufacturing Systems, 2002, 8 (8): 616-620.

[70] Ghrayeb O A. A bi criteria optimization: minimizing the integral value and spread of the fuzzy makespan of job shop scheduling problems [J]. Applied Soft Computing, 2003, 2 (3): 197-210.

[71] Gilmore P C, Gomory R E. Sequencing a one state-variable machine: A solvable case of the traveling salesman problem [J]. Operations Research, 1964, 12 (5): 655-679.

[72] Glover F, Kelly J P, Laguna M. Genetic algorithms and tabu search: hybrids for optimization [J]. Computers & Operations Research, 1995, 22 (1): 111-134.

[73] González-Rodríguez I, Puente J, Vela C R. A multiobjective approach to fuzzy job shop problem using genetic algorithms [C] //Lecture Notes in Comput er Science. Berlin: Springer, 2007: 80-89.

[74] González-Rodríguez I, Puente J, Vela C R, et al. Semantics of sched ules for the fuzzy job-shop problem [J]. IEEE Transactions on Systems, 2008, 38 (3): 655-666.

[75] González-Rodríguez I, Vela C R, Puente J. An evolutionary approach to designing and solving fuzzy job-shop problems [C] //Artificial Intelligence and Knowledge Engineering Applications: A Bioinspired Approach. Berlin: Springer, 2005: 74-83.

[76] González-Rodríguez I, Vela C R, Puente J. Study of objective functions in fuzzy job-shop problem [C] //Artificial Intelligence and Soft Computing-ICAISC. Berlin: Springer, 2006: 360-369.

[77] González-Rodríguez I, Vela C R, Puente J. A memetic approach to fuzzy job shop based on expectation model [C] //IEEE International on Fuzzy Systems Conference. Berlin: Springer, 2007, 1-6.

[78] Graves G H, Lee C Y. Scheduling maintenance and semiresumable jobs on a single machine [J]. Naval Research Logistics, 1999, 46

(7): 845-863.

[79] Graves S C. A review of production scheduling [J]. Operations Research, 1981, 29 (4): 646-675.

[80] Wang G, Qiao Z. Linear programming with fuzzy random variable coeffi cients [J]. Fuzzy Sets and Systems, 1993, 57 (3): 295-311.

[81] Hall N G, Sriskandarajah C. A survey of machine scheduling problems with blocking and no-wait in process [J]. Operations Research, 1996, 44 (3): 510-525.

[82] Han S, Ishii H, Fujii S. One machine scheduling problem with fuzzy duedates [J]. European Journal of Operational Research, 1994, 79 (1): 1-12.

[83] He Y, Zhong W, Gu H. Improved algorithms for two single machine scheduling problems [J]. Theoretical Computer Science, 2006, 363 (3): 257-265.

[84] Heilpern S. The expected value of a fuzzy number [J]. Fuzzy Sets and Systems, 1992, 47 (1): 81-86.

[85] Ho W H, Chen S H, Liu T K, et al. Design of robust-optimal output feedback controllers for linear uncertain systems using lmi-based approach and genetic algorithm [J]. Information Sciences, 2010, 180 (23): 4529-4542.

[86] Hu Y, Yin M, Li X. A novel objective function for job-shop scheduling prob lem with fuzzy processing time and fuzzy due date using differential evolution algorithm [J]. The International Journal of Advanced Manufacturing Technology, 2011, 56 (9-12): 1125-1138.

[87] Itoh T, Ishii H. Fuzzy duedate scheduling problem with fuzzy processing time [J]. InternationalTransactions in Operational Research, 1999, 6 (6): 639-647.

[88] Itoh T, Ishii H. One machine scheduling problem with fuzzy random due dates [J]. Fuzzy Optimization and DecisionMaking, 2005, 4 (1): 71-78.

[89] Ji M, He Y, Cheng T E. Single-machine scheduling with periodic maintenance to minimize makespan [J]. Computers & Operations Research, 2007, 34 (6): 1764-1770.

[90] Kacem I. Approximation algorithm for the weighted flow-time minimization on a single machine with a fixed non-availability interval [J]. Computers & Industrial Engineering, 2008, 54 (3): 401-410.

[91] Kacem I, Chu C. Efficient branch-and-bound algorithm for minimizing the weighted sum of completion times on a single machine with one availability constraint [J]. International Journal of Production Economics, 2008, 112 (1): 138-150.

[92] Kacem I, Chu C. Worst-case analysis of the wspt and mwspt rules for sin gle machine scheduling with one planned setup period [J]. European Journal of Operational Research, 2008, 187 (3): 1080-1089.

[93] Kacem I, Chu C, Souissi A. Single-machine scheduling with an availability constraint to minimize the weighted sum of the completion times [J]. Computers & Operations Research, 2008, 35 (3): 827-844.

[94] Kalczynski P J, Kamburowski J. On the neh heuristic for minimizing the makespan in permutation flow shops [J]. Omega, 2007, 35 (1): 53-60.

[95] Kalczynski P J, Kamburowski J. An improved neh heuristic to minimize makespan in permutation flow shops [J]. Computers & Operations Research, 2008, 35 (9): 3001-3008.

[96] Kaufmann A, Swanson D L. Introduction to the theory of fuzzy subsets [M]. NewYork: Academic Press New York, 1975.

[97] Kellerer H. Algorithms for multiprocessor scheduling with machine release times [J]. IIE Transactions, 1998, 30 (11): 991-999.

[98] Kennedy J. Particle swarm optimization [J]. Encyclopedia of Machine Learning, 2010, 760-766.

[99] Kennedy J, Kennedy J F, Eberhart R C. Swarm intelligence [M]. San Francisco: Morgan Kauf mann, 2001.

[100] Kirkpatrick S, Vecchi M, et al. Optimization by simmulated annealing [J]. Science, 1983, 220 (4598): 671-680.

[101] Koza J R, Rice J P. Genetic programming II: automatic discovery of reusable programs [J]. Operational Research, 1994, 1 (4): 80-89.

[102] Kruse R, Meyer K D. Statistics with vague data [J]. Theory & Decision Library, 1987 (38).

[103] Kubiak W, Formanowicz P, Breit J, et al. Two-machine flow shops with limited machine availability. European Journal of Operational Research, 2002, 136 (3): 528-540.

[104] Kubzin M A, Potts C N, Strusevich V A. Approximation results for flow shop scheduling problems with machine availability constraints [J]. Computers & Operations Research, 2009, 36 (2): 379-390.

[105] Kumar U D, Crocker J, Knezevic J. Evolutionary maintenance for aircraft engines [J]. Reliability and Maintainability Symposium, 1999, 62-68.

[106] Lam A Y, Li V O. Chemical-reaction-inspired metaheuristic for optimization [J]. IEEE Transactions on Evolutionary Computation, 2010, 14 (3): 381-399.

[107] Lam A Y, Li V O. Chemical reaction optimization: A tutorial [J]. Memetic Computing, 2012, 4 (1): 3-17.

[108] Lam S, Cai X. Single machine scheduling with nonlinear lateness cost func tions and fuzzy due dates [J]. Nonlinear Analysis: Real World Applications, 2002, 3 (3): 307-316.

[109] Lau H C, Zhang C. Job scheduling with unfixed availability constraints [J]. Research Collection School of Information Systems, 2004.

[110] Lawler E L, Lenstra J K, Kan A H R, et al. Sequencing and scheduling: Algorithms and complexity [J]. Handbooks in Operations Research and Management Science, 1993, 4: 445-522.

[111] Lee C Y. Parallel machines scheduling with nonsimultaneous machine available time [J]. Discrete Applied Mathematics, 1991, 30 (1): 53-61.

[112] Lee C Y. Minimizing the makespan in the two-machine flowshop scheduling problem with an availability constraint [J]. Operations Research Letters, 1997, 20 (3): 129-139.

[113] Lee C Y. Two-machine flowshop scheduling with availability constraints [J]. European Journal of Operational Research, 1999, 114 (2): 420-429.

[114] Lee C Y, Chen Z. Scheduling jobs and maintenance activities on parallel machines [J]. Naval Research Logistics, 2000, 47 (2): 145-165.

[115] Lee C Y, Lei L, Pinedo M. Current trends in deterministic scheduling [J]. Annals of Operations Research, 1997, 70: 1-41.

[116] Lee C Y, Liman S D. Single machine flow-time scheduling with scheduled maintenance [J]. Acta Informatica, 1992, 29 (4): 375-382.

[117] Lee C Y, Liman S D. Capacitated two-parallel machines scheduling to minimize sum of job completion times. Discrete Applied Mathematics, 1993, 41 (3): 211-222.

[118] Lee E, Li R J. Comparison of fuzzy numbers based on the probability measure of fuzzy events [J]. Computers & Mathematics with Applications, 1988, 15 (10): 887-896.

[119] Lee I, Sikora R, Shaw M J. A genetic algorithm-based approach to flexible flow-line scheduling with variable lot sizes [J]. IEEE Transactions on Systems, Man, and Cybernetics, Part B: Cybernetics, 1997, 27 (1): 36-54.

[120] Lei D. Pareto archive particle swarm optimization for multi-objective fuzzy job shop scheduling problems [J]. The International Journal of Advanced Manufactur ing Technology, 2008, 37 (1-2): 157-165.

[121] Lei D. Fuzzy job shop scheduling problem with availability constraints [J]. Computers & Industrial Engineering, 2010, 58 (4): 610-617.

[122] Lei D. A genetic algorithm for flexible job shop scheduling with fuzzy processing time [J]. International Journal of Production Research, 2010, 48 (10): 2995- 3013.

[123] Lei D. Solving fuzzy job shop scheduling problems using random key genetic algorithm [J]. The International Journal of Advanced Manufacturing Technology, 2010, 49 (1-4): 253-262.

[124] Lei D. Scheduling fuzzy job shop with preventive maintenance through swarm- based neighborhood search [J]. The International Journal of Advanced Manufacturing Technology, 2011, 54 (9-12): 1121-1128.

[125] Lei D. Co evolutionary genetic algorithm for fuzzy flexible job shop scheduling [J]. Applied Soft Computing, 2012, 12 (8): 2237-2245.

[126] Lei D, Guo X. Swarm-based neighbourhood search algorithm for fuzzy flexible job shop scheduling [J]. International Journal of Production Research, 2012, 50 (6): 1639-1649.

[127] Lei D, Wu Z. Research on multi-objective fuzzy job shop scheduling [J]. Com puter Integrated Manufacturing Systems, 2006, 12 (2): 174.

[128] Levin A, Mosheiov G, Sarig A. Scheduling a maintenance activity on parallel identical machines [J]. Naval Research Logistics, 2009, 56 (1): 33-41.

[129] Li B, Wang L. A hybrid quantum-inspired genetic algorithm for multiobjective flow shop scheduling [J]. IEEE Transactions on Systems, Man, and Cybernetics, Part B: Cybernetics, 2007, 37 (3): 576-591.

[130] Li F, Zhu Y, Yin C, et al. Fuzzy programming for multiobjective fuzzy job shop scheduling with alternative machines through genetic algorithms [C] //Advances in Natural Computation. Berlin: Springer, 2005: 992-1004.

[131] Li J, Pan Q. Chemical-reaction optimization for flexible job-shop scheduling problems with maintenance activity [J]. Applied Soft Computing, 2012, 12 (9): 2896-2912.

[132] Li J, Pan W, Liang Y. An effective hybrid tabu search algorithm for multi- objective flexible job-shop scheduling problems [J]. Computers & Industrial Engineering, 2010, 59 (4): 647-662.

[133] Li J, Pan Y. A hybrid discrete particle swarm optimization algorithm for solv- ing fuzzy job shop scheduling problem [J]. The International Journal of Advanced Manufacturing Technology, 2013, 66 (1-4): 583-596.

[134] Li X, Ishii H, Chen M. Batch scheduling problem with due-date and fuzzy precedence relation [J]. Kybernetika, 2012, 48 (2): 346-356.

[135] Liao C, Chen C, Lin C. Minimizing makespan for two parallel

machines with job limit on each availability interval [J]. Journal of the Operational Research Society, 2007, 58 (7): 938-947.

[136] Liao C, Shyur D, Lin C. Makespan minimization for two parallel machines with an availability constraint [J]. European Journal of Operational Research, 2005, 160 (2): 445-456.

[137] Lin C, Liao C. Makespan minimization for two parallel machines with an unavailable period on each machine [J]. The International Journal of Advanced Manufacturing Technology, 2007, 33 (9-10): 1024-1030.

[138] Lin F. A job-shop scheduling problem with fuzzy processing times [J]. Computational Science, 2001, 409-418.

[139] Lin F. Fuzzy job-shop scheduling based on ranking level (?, 1) intervalvalued fuzzy numbers [J]. IEEE Transactions on Fuzzy Systems, 2002, 10 (4): 510-522.

[140] Liu J. Application of optimization genetic algorithm in fuzzy job shop scheduling problem [J]. Intelligent Systems, 2009 (1): 436-440.

[141] Liu Y, Liu B. Fuzzy random variables: A scalar expected value operator [J]. Fuzzy Optimization and Decision Making, 2003, 2 (2): 143-160.

[142] López-Diaz M, Gil M A. Constructive definitions of fuzzy random variables [J]. Statistics &probability letters, 1997, 36 (2): 135-143.

[143] Low C, Ji M, Hsu C J, et al. Minimizing the makespan in a single machine scheduling problems with flexible and periodic maintenance [J]. Applied Mathe matical Modelling, 2010, 34 (2): 334-342.

[144] Lu B, Chen H, Gu F, et al. Research of earliness/tardiness problem in fuzzy job-shop scheduling [J]. Journal of Systems Engineering, 2006, 6: 013.

[145] Luhandjula M. Fuzziness and randomness in an optimization

framework [J]. Fuzzy Sets and Systems, 1996, 77 (3): 291-297.

[146] Marinakis Y, Marinaki M. Particle swarm optimization with expanding neigh borhood topology for the permutation flowshop scheduling problem [J]. Soft Computing, 2013, 17 (7): 1159-1173.

[147] McCahon C, Lee E S. Job sequencing with fuzzy processing times [J]. Computers & Mathematics withApplications, 1990, 19 (7): 31-41.

[148] Metropolis N, Rosenbluth A W, Rosenbluth M N, et al. Equation of state calculations by fast computing machines [J]. The Journal of Chemical Physics, 1953, 21 (6): 1087-1092.

[149] Mok P, Kwong C, Wong W K. Optimisation of fault-tolerant fabric-cutting schedules using genetic algorithms and fuzzy set theory [J]. European Journal of Operational Research, 2007, 177 (3): 1876-1893.

[150] Mosheiov G, Sarig A. A note: Simple heuristics for scheduling a mainte nance activity on unrelated machines [J]. Computers & Operations Research, 2009, 36 (10): 2759-2762.

[151] Mosheiov G, Sarig A. Scheduling a maintenance activity to minimize total weighted completion-time [J]. Computers & Mathematics with Applications, 2009, 57 (4): 619-623.

[152] Naderi-Beni M, Ghobadian E, Ebrahimnejad S, et al. Fuzzy bi-objective formulation for a parallel machine scheduling problem with machine eligibility restrictions and sequence-dependent setup times [J]. International Journal of Production Research, 2014, 52 (19): 5799-5822.

[153] Nawaz M, Enscore E E, Ham I. A heuristic algorithm for the m-machine, n-job flow-shop sequencing problem [J]. Omega, 1983, 11 (1): 91-95.

[154] Ng C, Kovalyov M Y. An fptas for scheduling a two-machine

flowshop with one unavailability interval [J]. Naval Research Logistics, 2004, 51 (3): 307-315.

[155] Niu Q, Jiao B, Gu X. Particle swarm optimization combined with genetic operators for job shop scheduling problem with fuzzy processing time [J]. Applied Mathematics and Computation, 2008, 205 (1): 148-158.

[156] Pan E, Liao W, Zhuo M. Periodic preventive maintenance policy with infinite time and limit of reliability based on health index [J]. Journal of Shanghai Jiaotong University (Science), 2010, 15: 231-235.

[157] Pan Q, Wang L, Qian B. A novel differential evolution algorithm for bi-criteria no-wait flow shop scheduling problems [J]. Computers & Operations Research, 2009, 36 (8): 2498-2511.

[158] Panwalkar S S, Iskander W. A survey of scheduling rules [J]. Operations Research, 1977, 25 (1): 45-61.

[159] Peng J, Liu B. Parallel machine scheduling models with fuzzy processing times [J]. Information Sciences, 2004, 166 (1): 49-66.

[160] Petrovic S, Fayad C, Petrovic D. Sensitivity analysis of a fuzzy multiobjective scheduling problem [J]. International Journal of Production Research, 2008, 46 (12): 3327-3344.

[161] Petrovic S, Fayad C, Petrovic D, et al. Fuzzy job shop scheduling with lot-sizing [J]. Annals of Operations Research, 2008, 159 (1): 275-292.

[162] Pezzella F, Morganti G, Ciaschetti G. A genetic algorithm for the flexible job- shop scheduling problem [J]. Computers & Operations Research, 2008, 35 (10): 3202-3212.

[163] Pongchairerks P. Particle swarm optimization algorithm applied to scheduling problems [J]. Science Asia, 2009, 35 (1): 89-94.

[164] Prade H. Using fuzzy set theory in a scheduling problem: a case study [J]. Fuzzy Sets and Systems, 1979, 2 (2): 153-165.

[165] Puente J, Vela C R, Hernández-Arauzo A, et al. Improving local search for the fuzzy job shop using a lower bound [C] //Current Topics in Artificial Intelligence. Berlin: Springer, 2010: 222-232.

[166] Puri M L, Ralescu D A. Fuzzy random variables [J]. Journal of mathematical analysis and applications, 1986, 114 (2): 409-422.

[167] Qi X. A note on worst-case performance of heuristics for maintenance scheduling problems [J]. Discrete Applied Mathematics, 2007, 155 (3): 416-422.

[168] Qi X, Chen T, Tu F. Scheduling the maintenance on a single machine [J]. Journal of the Operational Research Society, 1999, 1071-1078.

[169] Qiao W, Wang B, Sun J. Uncertain job shop scheduling problems solved by genetic algorithm [J]. Computer Integrated Manufacturing Systems, 2007, 13 (12): 2452.

[170] Quanyong J, Jianying Z. Study of fuzzy job shop scheduling problems with dualresource and multiprocess routes [J]. Mechanical Science and Technology, 2006, 12: 009.

[171] Reeves C R. A genetic algorithm for flowshop sequencing [J]. Computers & Operations Research, 1995, 22 (1): 5-13.

[172] Reineke D M, Murdock Jr W, Pohl E, et al. Improving availability and cost performance for complex systems with preventive maintenance [J]. Reliability and Maintainability Symposium, 1999, 383-388.

[173] Rosa J L, Robin A, Silva M, et al. Electrodeposition of copper on titanium wires: Taguchi experimental design approach [J]. Journal of Materials Processing Technology, 2009, 209 (3): 1181-1188.

[174] Roy B. Robustness in operational research and decision aiding: A multi faceted issue [J]. European Journal of Operational Research, 2010, 200 (3): 629-638.

[175] Roy B, Vincke P. Relational systems of preference with one or more pseudo-criteria: Some new concepts and results [J]. Management Science, 1984, 30 (11): 1323-1335.

[176] Sadfi C, Penz B, Rapine C, et al. An improved ap- proximation algorithm for the single machine total completion time scheduling problem with availability constraints [J]. European Journal of Operational Re search, 2005, 161 (1): 3-10.

[177] Sakawa M, Kubota R. Fuzzy programming for multiobjective job shop scheduling with fuzzy processing time and fuzzy duedate through genetic al gorithms [J]. European Journal of Operational Research, 2000, 120 (2): 393-407.

[178] Sakawa M, Kubota R. Two-objective fuzzy job shop scheduling through genet ic algorithm [J]. Electronics and Communications in Japan (Part III: Fundamental Electronic Science), 2001, 84 (4): 60-68.

[179] Sakawa M, Mori T. An efficient genetic algorithm for job-shop scheduling problems with fuzzy processing time and fuzzy duedate [J]. Computers & Indus trial Engineering, 1999, 36 (2): 325-341.

[180] Sanlaville E, Schmidt G. Machine scheduling with availability constraints [J]. ActaInformatica, 1998, 35 (9): 795-811.

[181] Sbihi M, Varnier C. Single-machine scheduling with periodic and flexible periodic maintenance to minimize maximum tardiness [J]. Computers & Industrial Engineering, 2008, 55 (4): 830-840.

[182] Schmidt G. Scheduling with limited machine availability [J]. European Journal of Operational Research, 2000, 121 (1): 1-15.

[183] Shapiro J F. Mathematical programming models and methods for production planning and scheduling [J]. Handbooks in Operations Research and Management Science, 1993, 4: 371-443.

[184] Sherif Y, Smith M. Optimal maintenance models for systems subject to failure-a review [J]. Naval Research Logistics Quarterly, 1981, 28 (1): 47-74.

[185] Shi L, Ólafsson S. Nested partitions method for global optimization [J]. Operations Research, 2000, 48 (3): 390-407.

[186] Smith W E. Various optimizers for single-stage production [J]. Naval Research Logistics Quarterly, 1956, 3 (1-2): 59-66.

[187] Hark-Chin Hwang, Soo Chang. The worst-case analysis of the multifit algorithm for scheduling nonsimultaneous parallel machines [J]. Discrete Applied Mathematics, 1999, 92 (2): 135-147.

[188] Sortrakul N, Nachtmann H L, Cassady C R. Genetic algorithms for inte grated preventive maintenance planning and production scheduling for a single machine [J]. Computers in Industry, 2005, 56 (2): 161-168.

[189] Sowinski R, Hapke M. Scheduling under fuzziness. Physica-Verlag, 2000.

[190] Sun K, Li H. Scheduling problems with multiple maintenance activities and non-preemptive jobs on two identical parallel machines [J]. International Journal of Production Economics, 2010, 124 (1): 151-158.

[191] Tang J, Pan Z, Fung R Y, et al. Vehicle routing problem with fuzzy time windows [J]. Fuzzy Sets and Systems, 2009, 160 (5): 683-695.

[192] Tavakkoli-Moghaddam R, Azarkish M, Sadeghnejad-Barkousaraie A. A new hybrid multi-objective pareto archive pso algorithm for a bi-objective job shop scheduling problem [J]. Expert Systems with Applica-

tions, 2011, 38 (9): 10812-10821.

[193] Tavakkoli-Moghaddam R, Safaei N, Kah M. Accessing feasible space in a generalized job shop scheduling problem with the fuzzy processing times: a fuzzy-neural approach [J]. Journal of the Operational Research Society, 2008, 59 (4): 431-442.

[194] Van den Bergh F, Engelbrecht A P. A convergence proof for the particle swarm optimiser [J]. Fundamenta Informaticae, 2010, 105 (4): 341-374.

[195] Vanegas L, Labib A. Application of new fuzzy-weighted average (nfwa) method to engineering design evaluation [J]. International Journal of Production Research, 2001, 39 (6): 1147-1162.

[196] Wang C, Wang D, Ip w, et al. The single machine ready time scheduling problem with fuzzy processing times [J]. Fuzzy sets and systems, 2002, 127 (2): 117-129.

[197] Wang G, Cheng T E. Heuristics for two-machine no-wait flowshop scheduling with an availability constraint [J]. Information Processing Letters, 2001, 80 (6): 305-309.

[198] Wang L. Shop scheduling with genetic algorithms [J]. Tsinghua University & Springer Press, Beijing, 2003.

[199] Wang S, Wang L, Xu Y, et al. An effective estimation of distribution algo rithm for the flexible job-shop scheduling problem with fuzzy processing time [J]. International Journal of Production Research, 2013, 51 (12): 3778-3793.

[200] Wang X, Cheng T E. An approximation scheme for two-machine flowshop scheduling with setup times and an availability constraint [J]. Computers & Operations Research, 2007, 34 (10): 2894-2901.

[201] Wang X, Cheng T E. Heuristics for two-machine flowshop

scheduling with setup times and an availability constraint [J]. Computers & Operations Research, 2007, 34 (1): 152-162.

[202] Wang X, Gao L, Zhang C, et al. A multi-objective genetic algorithm for fuzzy flexible job-shop scheduling problem [J]. International Journal of Computer Applications in Technology, 2012, 45 (2): 115-125.

[203] Wu C, Li D, Tsai T I. Applying the fuzzy ranking method to the shifting bottleneck procedure to solve scheduling problems of uncertainty [J]. The International Journal of Advanced Manufacturing Technology, 2006, 31 (1-2): 98-106.

[204] Xia W, Wu Z. An effective hybrid optimization approach for multi-objective flexible job-shop scheduling problems [J]. Computers & Industrial Engineering, 2005, 48 (2): 409-425.

[205] Xie J, Wang X. Complexity and algorithms for two-stage flexible flowshop scheduling with availability constraints [J]. Computers & Mathematics with Applications, 2005, 50 (10): 1629-1638.

[206] Xu D, Sun K, Li H. Parallel machine scheduling with almost periodic main- tenance and non-preemptive jobs to minimize makespan [J]. Computers & Operations Research, 2008, 35 (4): 1344-1349.

[207] Xu D, Yin Y, Li H. A note on "scheduling of nonresumable jobs and flexible maintenance activities on a single machine to minimize makespan" [J]. European Journal of Operational Research, 2009, 197 (2): 825-827.

[208] Xu J, Ni J, Zhang M. Constructed wetland planning-based bi-level optimization model under fuzzy random environment: Case study of chaohu lake [J]. Jour nal of Water Resources Planning and Management, 2015 (3).

[209] Xu J, Tu Y, Lei X. Applying multiobjective bilevel optimization

under fuzzy random environment to traffic assignment problem: Case study of a large-scale construction project [J]. Journal of Infrastructure Systems, 2013, 20 (3).

[210] Xu J, Zhou X. Fuzzy-like multiple objective decision making [M]. Berlin: Springer, 2011.

[211] 辻村泰寛, 玄光男, 久保田えりか. Solving job-shop scheduling problem with fuzzy processing time using genetic algorithm [J]. 日本ファジィ学会誌, 1995, 7 (5): 1073-1083.

[212] Yang D, Hung C, Hsu C J, et al. Minimizing the makespan in a single machine scheduling problem with a flexible maintenance [J]. Journal of the Chinese Institute of Industrial Engineers, 2002, 19 (1): 63-66.

[213] Yao J, Wu K. Ranking fuzzy numbers based on decomposition principle and signed distance [J]. Fuzzy sets and Systems, 2000, 116 (2): 275-288.

[214] Yeh W C, Lai P J, Lee W C, et al. Parallel-machine scheduling to minimize makespan with fuzzy processing times and learning effects [J]. Information Sciences, 2014, 269: 142-158.

[215] Yong H. The lpt-bound of parallel machines scheduling with nonsimultane ous machine available time [J]. Journal Of Zhejiang University (Natural Science), 1996 (3).

[216] Yong H. The multifit algorithm for set partitioning containing kernels [J]. Applied Mathematics-A Journal of Chinese Universities, 1999, 14 (2): 227-232.

[217] Zadeh L A. Fuzzy sets [J]. Information and Control, 1965, 8 (3): 338-353.

[218] Zadeh L A. The concept of a linguistic variable and its application to approx imate reasoning [M]. Berlin: Springer, 1974.

[219] Zhang G, Shao X, Li P, eet al. An effective hybrid particle swarm opti- mization algorithm for multi-objective flexible job-shop scheduling problem [J]. Computers & Industrial Engineering, 2009, 56 (4): 1309-1318.

[220] Zheng Y, Li Y. Artificial bee colony algorithm for fuzzy job shop scheduling [J]. International Journal of Computer Applications in Technology, 2012, 44 (2): 124-129.

[221] Zheng Y, Li Y, Lei D. Multi-objective swarm-based neighborhood search for fuzzy flexible job shop scheduling [J]. The International Journal of Advanced Manufacturing Technology, 2012, 60 (9-12): 1063-1069.

[222] H. J. Zimmermann. Fuzzy set theory and its applications [M]. Berlin: Springer Science & Business Media, 2001.

[223] Zitzler E, Deb K, Thiele L. Comparison of multiobjective evolutionary algorithms: Empirical results [J]. Evolutionary Computation, 2000, 8 (2): 173-195.

后记

“写书是一个很长的过程，就像长跑，需要不断有人给你鼓劲。”贾平凹先生如是说。我也深有同感。本书主讲不确定环境下的机器调度问题，由于自己目前学术功力以及实践经验的限制，书中内容可能“平淡无奇”，更无“重大突破”。

本书是在我博士论文的基础上修改而成的。回顾过去的求学生涯，可谓感触良多，亦可谓喜获丰收。在四川大学商学院求学的三年中，我既经历过课题研究受阻，无法逾越困难的无助与彷徨，也体验过挥汗挑灯苦战，思绪豁然开朗的兴奋与激动；既有过孤军奋战的悲壮，也有过群策群力的欢乐；既有心酸疲惫的泪水，也享受过成功的无穷乐趣。

衷心感谢我最尊敬的导师徐玖平教授。徐玖平教授知识广博，见解精辟，对学术有着深刻的洞察力，在治学治教和为人处世上给我颇多的启迪，受益匪浅。

衷心感谢四川大学商学院所有的老师以及不确定决策实验室的所有同学，与他们的交流和探讨给本书的写作提供了许多有益的启发。正是UDML这个团结奋战的团队，让我深刻体会到“宝剑锋从磨砺出，梅花香自苦寒来”。

衷心感谢成都大学旅游与经济管理学院的领导的支持与鼓励。

衷心感谢我的家人，正是他们无私的疼爱、支持与理解，才让我拥有了不断前进的无限动力。

聂玲

2017年12月